山东省自然资源标准体系建设研究

冯克印　沈天翔　魏茂杰　等著

地质出版社

·北　京·

内 容 提 要

标准是经济社会活动的技术依据，在国家治理体系和治理能力现代化建设中发挥着基础性、战略性、引领性作用。标准体系是指导和保障标准化工作有效、科学开展的总纲，对做好整个标准化战略规划和管理工作意义重大。山东省率先获批开展国家标准化创新发展试点，并于2019年在全国范围内率先开展自然资源标准体系建设课题研究。目前，已基本完成了山东省自然资源标准体系的研究构建任务。

本研究分析了自然资源领域国内外标准化研究工作经验，梳理了山东省自然资源标准化历史及现状，构建了山东省四级自然资源标准体系，明确山东省自然资源地方标准重点方向，提出山东省自然资源标准化机构的运行和管理的科学建议。本研究为山东省自然资源领域标准化工作者指出了工作方向，为行业专业技术人员提供了有效的标准支撑服务，未来山东自然资源标准体系将更好地服务于生态文明建设和绿色发展。

本书可供从事标准研制和相关管理人员参考。

图书在版编目（CIP）数据

山东省自然资源标准体系建设研究 / 冯克印等著.
北京：地质出版社，2024. 10. -- ISBN 978-7-116-14341-8

Ⅰ. F124.5-65

中国国家版本馆 CIP 数据核字第 20249P88J6 号

SHANDONG SHENG ZIRAN ZIYUAN BIAOZHUN TIXI JIANSHE YANJIU

责任编辑： 关会梅　李　莉
责任校对： 关风云
出版发行： 地质出版社
社址邮编： 北京市海淀区学院路31号，100083
电　　话： (010)66554528（邮购部）；(010)66554629（编辑室）
网　　址： https://www.gph.clmpg.com
传　　真： (010)66554686
印　　刷： 北京地大彩印有限公司
开　　本： 787mm×1092mm　1/16
印　　张： 6.25
字　　数： 155千字
版　　次： 2024年10月北京第1版
印　　次： 2024年10月北京第1次印刷
定　　价： 32.00元
书　　号： ISBN 978-7-116-14341-8

《山东省自然资源标准体系建设研究》编委会

前　言

标准是经济社会活动的技术依据，在国家治理体系和治理能力现代化建设中发挥着基础性、战略性、引领性的作用。标准体系是指导和保障标准化工作有效、科学开展的总纲，对做好整个标准化战略规划和管理工作意义重大。

山东省于2019年在全国范围内率先开展自然资源标准体系建设课题研究，目前，课题组已基本完成了山东省自然资源标准体系的研究构建任务。通过分析山东省自然资源标准化历史及现状，基本摸清了山东省自然资源标准"家底"，系统地构建了山东省四级自然资源标准体系，以流程再造的思路优化标准建设流程，明确了山东省自然资源地方标准研制的重点方向，提出了山东省自然资源标准化机构运行和管理的科学建议，主要包括：健全完善自然资源标准体系政策法规体系；实施标准化基础能力及技术提升工程；建立自然资源标准体系动态优化机制；加强标准宣贯推广和社会化服务及对外合作交流；完善自然资源标准化建设组织体系；探索构建自然资源标准实施监督及效果评价机制等。

本次研究建构的标准体系架构完善、收录标准全面且数量多、时效性强、覆盖面广，同时预留了与海洋标准体系衔接的接口，充分考虑了标准体系的可扩展性。

本次研究立足山东实际，以问题为导向，充分研究国内外标准体系建设工作的理论与实践经验，深化标准化制（修）订工作改革，深化标准化运行机制创新，优化自然资源标准全生命周期规范化管理流程，自然资源标准体系凸显了山东特色和先进性。在山东省委、省政府的大力推动下，山东省自然资源厅、山东省自然资源标准化技术委员会及其各标准化分技术委员会全面实施标准化战略，山东省自然资源标准化基础不断夯实，标准体系框架更加健全，标准化工作体制机制更加合理，标准服务发展更加高效，标准化效益充分释放，标准有效性、先进性和适用性显著增强，基本形成了自然资源全领域有标可循、公共利益有标可保、创新驱动有标引领、转型升级有标支撑的新局面。"山东标准"影响力和贡献度进一步提升，通过与其他省（市、区）自然资源标准化工作指标的比对分析，山东省自然资源标准化管理水平和技术水平均处于国内前列，山东省已然迈入自然资源领域标准化建设强省行列。

根据《国家标准化发展纲要》及《山东省标准化条例》，展望山东省自然资源标准化体系建设工作，到2025年，可实现标准供给由政府主导向政府与市场并重转变，标准化发展由数量规模型向质量效益型转变。自然资源标准化体系更加有效地推动山东省综合竞争力的提升，促进经济社会高质量发展，在构建新发展格局中发挥更大的作用。到2035年，结构优化、先进合理、国际兼容的自然资源标准体系更加健全，具有中国特色的标准化管理体制更加完善，市场驱动、政府引导、企业为主、社会参与、开放融合的标准化工作格局全面形成。未来山东省自然资源标准体系建设将更加加强生态文明标准化，服务绿色发展。

目　　录

第一章　研究背景及意义

标准是经济社会活动的技术依据，在国家治理体系和治理能力现代化建设中发挥着基础性、战略性、引领性的作用。自然资源领域的标准是自然资源领域工作者于长期工作实践中，在方法、技术、工作步骤、管理及工作程序等方面，形成的高效、科学并被领域内同行普遍认同与共同遵守的技术文件，是自然资源各领域依法行政的重要依据。标准化涉及自然资源管理实践的方方面面，是自然资源治理能力和治理体系的重要基础之一。标准体系是一定范围内的标准按其内在联系形成的科学的有机整体，其构建是集经济、社会、技术、管理、行政法规等于一体的系统性工作，是各项标准化工作的重要基础，可为管理部门提供标准化发展的目标和蓝图，有利于从全局考虑制定标准化工作的规划和工作部署；有利于各行业间的平衡和协调，相互借鉴和融合；有助于了解到国内外相同或相关标准的现状，寻找差距，加快科学技术进步，提高标准的技术水平。标准的先进程度在一定意义上代表自然资源相关领域内的技术前沿和话语权，在自然资源领域的工作开展、工作质量判定，甚至工作问责等方面发挥着重要作用。

第一节　研究背景

近年来，我国标准化事业快速发展，标准体系初步形成，应用范围不断扩大，标准化水平持续提升，国际影响力显著增强，全社会标准化意识普遍提高。但是，与经济社会发展需求相比，我国标准化工作还存在较大差距。党的十八大以来，党中央、国务院高度重视标准化工作。十九届四中全会通过的《中共中央关于坚持和完善中国特色社会主义制度、推进国家治理体系和治理能力现代化若干重大问题的决定》中明确了“完善科技创新体制机制工作需要强化标准引领”和“推进自然资源统一确权登记法治化、规范化、标准化、信息化，健全自然资源产权制度，落实资源有偿使用制度，实行资源总量管理和全面节约制度”等要求，把标准作为加强制度建设的重要抓手。《国务院机构改革和职能转变方案》（2013 年）提出要将标准作为基础性制度予以加强。标准化作为一项重要的基础性工作，在构建职责明确、依法行政的政府治理体系，坚持和完善社会主义基本经济制度、推动经济高质量发展，坚持和完善生态文明制度体系等方面发挥着重要的基础性、战略性作用。

习近平总书记强调，加强标准化工作，实施标准化战略，是一项重要和紧迫的任务，对经济社会发展具有长远的意义。标准是经济活动和社会发展的技术支撑，是国家基础性制度的重要方面。标准化在推进国家治理体系和治理能力现代化中发挥着基础性、引领性作用。构建推动自然资源事业高质量发展的标准体系，是自然资源标准化的一项基础性工作。党的二十大以来，党中央对着力推动高质量发展、发展新质生产力、建设现代化产业体系、加快建设质量强国、推进高水平对外开放、增进民生福祉等作出了一系列战略部署，为新时代标准化工作明确了方向。

第二节　研究意义

一、落实中央关于标准化工作的系列重要部署

党的十八大以来，党中央、国务院高度重视标准化工作，先后有“加强标准化工作，实施标准化战略，是一项重要和紧迫的任务，对经济社会发展具有长远的意义”“标准决定质量，有什么样的标准就有什么样的质量，只有高标准才有高质量”“谁制定标准，谁就拥有话语权；谁掌握标准，谁就占据制高点”等一系列标准化工作重要战略部署。党的二十大报告就“稳步扩大标准制度型开放、完善支持绿色发展标准体系”等提出明确要求。

2021 年 10 月 10 日，在中国共产党成立 100 周年之际，党中央、国务院立足国情，放眼全球，面向未来发布实施《国家标准化发展纲要》，作为第一份以党中央名义颁发的标准化纲领性文件，是新时代推动高质量发展、建设社会主义现代化国家的重要举措，强调了标准化在推进国家治理体系和治理能力现代化中发挥着基础性、引领性作用。

二、支撑国家高质量发展新需求

只有高标准才有高质量，大力实施标准化战略，建立推动和支撑高质量发展的标准体系成为自然资源标准化工作的追求目标。2015 年 3 月，国务院印发《深化标准化工作改革方案》，9 年来，自然资源各领域持续深化标准化工作改革，自然资源标准化呈现出需求旺盛、多方参与的开放型标准化工作机制。第十九届五中全会审议通过的《中共中央关于制定国民经济和社会发展第十四个五年规划和二〇三五年远景目标的建议》以“生态文明建设实现新进步”为主要目标之一，对“十四五”时期我国生态文明建设提出了更高要求。

2023 年自然资源部办公厅印发《自然资源标准化工作三年行动计划（2023—2025 年）》（自然资办发〔2023〕29 号），明确提出聚焦“严守资源安全底线、优化国土空间格局、促进绿色低碳发展、维护资源资产权益”自然资源工作新定位，优化标准化治理结构，增强标准化治理效能，提升标准国际化水平，加快构建推动自然资源事业高质量发展的标准体系。2024 年《国家标准化管理委员会关于印发〈2024 年全国标准化工作要点〉通知》要求加强质量支撑和标准引领，深入推进纲要各项重点任务实施，推动标准化更好服务经济社会高质量发展。标准化工作得到了前所未有的重视。

三、提升山东省自然资源标准体系建设工作水平

作为全国首个新旧动能转换综合试验区，山东正处在由转型发展向创新发展加快迈进的关键时期，将自然资源标准化工作融入山东省经济发展框架的总体脉络中，有助于推动实现区域内自然资源标准发展规划、技术规则相互协同，服务国家重大区域战略实施，推动黄河流域生态保护和山东省经济高质量发展。省政府《关于贯彻〈国家标准化发展纲

要〉推进标准化创新发展的实施意见》（鲁政发〔2022〕6号）要求，要深入实施国家标准化发展纲要，打造标准化创新发展高地，提出到2025年基本形成“1+4+N”的山东省标准化创新发展格局。省自然资源厅《关于进一步提升自然资源科技创新能力的实施意见》中明确提出，要完善标准体系，强化标准引领。要以自然资源工作中亟须的标准为重点，按照“急用先行”原则，开展自然资源资产管理、调查监测、国土空间规划、土地和矿产资源节约集约利用、生态保护修复、林草资源开发保护、测绘地理信息和自然资源信息化等方面的标准制定。要建立以实施应用为导向的标准评价机制，积极推动以标准为依据规范开展自然资源管理工作。

面对新形势与新要求，发挥标准化在推动山东省“七个走在前列”和“九个强省突破”的技术支撑作用，在现有自然资源标准体系无法完全满足自然资源统一管理工作的背景下，紧紧围绕标准助推创新发展、强化标准化能力建设、创新标准化发展机制等发展方向，开展适应自身条件、有效支撑两个“统一”职责，持续提升山东省自然资源标准体系建设工作水平，让山东省自然资源标准体系建设工作走在全国前列，是当下亟须面对的重要挑战。

第二章　国内外自然资源标准体系研究概况

第一节　国际自然资源标准体系建设及研究概述

“车同轨，书同文，人同伦”，标准体系建设是中国最早实践的。近现代以来，国际上许多国家开始运用系统工程方法论来开展标准化工作，如德国、英国、美国等率先采用系统论研究标准化系统及标准体系并将其运用在国家标准体系的实践中，值得我们学习借鉴。

一、国外有关国家标准体系的研究与实践

（一）欧委会发布新版“标准化战略”

2022 年 2 月 2 日，欧盟委员会（简称“欧委会”）发布新版“标准化战略”。新战略旨在强化其在全球技术标准方面的竞争力，实现有韧性的绿色及数字经济，并确保新技术体现民主价值观。根据新战略，欧洲联盟（简称“欧盟”）未来将在五大关键领域采取行动：一是预测、优先考虑并解决战略领域标准化需求，包括新冠疫苗、关键原材料回收、清洁能源价值链、芯片及数据标准等。二是完善欧洲标准化体系治理能力，欧洲标准化组织必须由欧盟及欧洲经济区成员国相关部门统筹，避免核心技术领域标准制定决策受域外国家不当影响。三是强化欧盟在全球标准方面的领导力，欧委会将建立新的高级别机制，强化与欧盟成员国间信息共享及协调，还将与“志同道合”的伙伴强化协同。四是支持创新，拟启动“标准化助推器”项目，支持研究人员测试其他科研项目与标准化的关联性。五是培养标准化专家，通过欧盟大学日及研究人员培训提升学术水平。此外，新战略另附有 2016 年至 2020 年欧盟《标准化条例》实施报告和《标准化条例》修订建议。欧委会内部市场委员布雷顿表示，欧委会希望欧盟夺回对技术标准化的控制权，并寻求减少中国和美国大型公司在欧盟标准制定机构中的影响力，同时在国际上推广欧洲标准。欧委会还将任命新的首席标准化官。Borderlex（2022）评论称，欧盟标准化战略是对中美影响力上升的反击。

（二）德国通过系统工程方法论来调整标准化系统和分析标准体系

德国长期以来实行严谨的工业标准体系，德国标准化学会（DIN）制定的标准涉及建筑、采矿、冶金、化工、家政等几乎所有领域，先后颁布了《德国工业 4.0 标准路线图》《德国标准化战略》（更新版）、《国际标准化研究 2030》和《人工智能标准化路线图》，等等，80% 以上都上升为欧洲标准或者国际标准。可以说，“德国标准”就是“德国制造”占领国际市场的利器。2005 年 DIN 发布的《德国标准化战略》，对标准给予了高度

重视，称“德国，作为出口的世界冠军，技术出口领先者，需要一个强有力的标准化机构。标准在政治上和经济上都扮演了极关键的角色。”“德国已经制定了正确的决策，就是系统地分析德国标准化系统的环境；在这个标准化环境中，发挥标准化作用、使用标准化作为战略调整的基础。”德国标准化战略的五个目标是：①确保德国作为领先工业国家的地位；②有力支撑成功的社会和经济；③用标准化作为撤销法规管制规定的手段；④通过标准化和标准以促进技术集中；⑤标准化机构提供有效的程序和工具。在第④目标中提出，“为了满足技术集中的涌现，积极支持这个过程，标准化必须超越传统的产品标准化，开展系统标准化。系统标准化必须以系统的概述为开端，包括系统的功能性和组成构件的功能性，并且需要定义所有相互之间的接口”。通过“优化结构”来协助实现优化，基于市场的系统标准化需要有机的构造，使其在调整为基于部门需求和与欧盟及国际标准化机构协作过程中更加灵活。

（三）英国国家标准化战略框架塑造未来

英国国家标准化战略框架（NSSF）是由英国工业联合会（CBI）、英国贸易工业部（DTI）及英国标准学会（BSI）三家机构联合开发研究制定的，这三家机构代表英国标准化的主要利益相关方。此外，还有相关政府部门、行业部门和各界社会代表也参与了制定。在 NSSF 标准体系框架中，标准指“广义的标准，包括技术规范、实践准则、行为准则、指南和服务规范”。另外，标准可以在法规中设置，也可以按照国家标准化机构提供的标准制定程序形成。NSSF 中的标准化系统定义包含有“相关的标准化机制、组织机构以及参与标准化活动的相关代表”。NSSF 包含两种元素：战略元素和框架元素，并对标准作用给予了高度重视，称“标准，影响着我们做的任何事情”。随着经济与社会的发展，全球国际化程度越来越高，有必要“评估标准体系，使其满足现代行业和社会的需求”。NSSF 将为英国标准塑造未来。标准是工程师工作中不可分割的一部分，技术和业务系统中的标准越来越复杂。工程师和其他专业人士在应用标准时，由于时间、空间及范围的限制，越来越不知所措，系统工程的兴起帮他们解决了这些问题。文章解释了如何用系统工程方法制定标准并通过三个层次阐述标准体系的作用：即单一标准的制定；一组相互关联的标准；标准体系方法用于全球标准制定系统的展望。

（四）美国标准战略为全球竞争提供远见

美国标准战略（USSS）为当今全球竞争中美国标准体系的未来提供了远见卓识。美国一直采用传统的自愿性标准来满足市民的要求和企业的需要。但随着国内外标准环境的变化，经济全球化使人们对健康、安全、环保问题更加关注。在美国国家标准技术研究院（NIST）和美国材料试验协会（ASTM）的大力支持下，2000 年美国国家标准战略（NSS）由美国国家标准研究院（ANSI）董事会一致通过。NSS 重申“美国致力于以部门为基础的有关国内及全球范围的自愿性标准化活动的方法。它建立了标准化框架，该框架基于标准体系的传统力量，如共识、开放和透明。同时还格外重视并强调速度和相关性，满足不同公众利益团体的需要。要开发的是在这一框架内的战略与战术方针，这些方针可被不同利益者使用，满足他们本国及各组织的目标”。2005 年发布的 NSS 修订版称为 USSS。其中对美国的标准体系的定位是：美国的标准体系加强了公众利益，提高了美国工业的竞争力，并促进了自由化的全球贸易系统。NSS 为美国标准体系提供了目标和策略，满足对目的和理想的陈述的需要，并为在当今全球经济竞争中美国标准体系的未来提供了一个远见卓识。美国国家航空航天局（NASA）的技术标准计划（NTSP）由 NASA 首席工程师发起，其目标包括：建立和维护集成的 NASA 需要的技术标准体系；提高技术标准在 NASA 计划/项目中设计、开发、运行过程中的可用性；在 NASA、行业内及国际上减少标准化重复工作并提高互操作性；促进和支持应用国内或国际的、非政府的、自愿的、一致同意的标准；在 NASA 内提高标准化意识。为此，NASA 还开发了一套标准体系维护系统，以便标准的查询与检索，以及标准体系的维护和更新。

二、国外自然资源标准情况

（一）土地资源标准

一般而言，土地资源不会进入国际贸易市场，加上在国际标准化组织中没有设置土地专业标准化分技术委员会，因此，也就没有土地资源的国际标准。由于各国对土地资源的管理制度和方式存在差异，其标准的形式和内容也是多种多样。下面重点介绍以下几个国家土地标准的情况。

美国土地标准。美国联邦和州制定了很多土地管理方面的标准，内容涉及土地分类，土地开发、复垦，土地征购、转让，土地调查、测量，湿地分类、保护等方面。标准的特点是没有统一的格式，接近于技术性文件。

新西兰土地标准。新西兰土地标准的内容包括：土地登记、用地申请、用地审批、土地储备、土地调查评价、土地征用、土地补偿估价、土地处置等方面。标准的特点是：第一，作为新西兰皇家用地法令的一个重要部分，都是强制执行的标准；第二，有统一的格式，而且形成了比较完善的土地管理标准体系。

澳大利亚土地标准。澳大利亚土地标准以土地信息化标准为主，内容涉及数字化土地制图、农用地分布数字化、土地分类、土地定价和转让、土地信息系统管理等方面。标准的特点是：有统一的格式，形成了较完善的土地信息系统管理标准体系。

英国土地标准。英国具有较为完整的土地规划立法体系，实行的是先审查后开发的土地开发许可制度。标准的特点是：第一，没有统一的标准格式，标准往往构成法律法规的一个重要组成部分；第二，以土地开发标准为主，形成了较完善的土地开发标准体系。

日本土地标准。日本实行的是土地私有制，非常重视对土地用途的管制，对农地的购买转用、土地利用全过程都作出了严格的规定。标准的特点是：第一，有统一标准格式，标准包含在《耕地整理法》《土地开发法》《农地法》等法律法规中；第二，以土地改良、土地整理标准为主，形成了较完善的标准体系。

（二）地质矿产标准

国外地质矿产标准的制定主要有三种形式：一是由有关的国际组织及其下属机构组织制定，如国际标准化组织、国际地质科学联合会及其下属的委员会、学会（协会）组织和联合国经济及社会理事会等；二是由政府有关部门组织制定标准，如美国矿业局和地质调查局制定的矿产资源/储量分类标准，苏联和东欧各国制定的区域地质调查规范和勘探规范等；三是由有关的行业协会组织制定的技术标准，如美国、澳大利亚、加拿大、英国等国有关行业协会制定的矿产资源/储量分类技术标准、勘查地球物理标准等。国外地质矿产标准化工作有两个基本特点：第一，注重公益性、基础性技术标准，如有关地层、地质年代、岩石分类、地质调查等标准；第二，局限在个别、具体的技术标准（规范）的范围，仅在地质填图、地质勘查基本数据录入统计、图件出版等方面形成比较系统的标准体系。

国际有关学会、协会标准如国际地层委员会制定的国际地层指南。1994 年，国际地层委员会发布实施的国际地层指南内容包括：地层划分、术语和程序的原理和规则等。勘查地球物理协会制定的标准内容包括：勘查地球物理数据采集、勘查地球物理报告格式、海洋地震监测与记录、数字磁带格式等方面，标准的特点是：有统一的格式；形成了勘查地球物理标准体系。

其他国家地质矿产标准如加拿大地质矿产标准主要有：探矿技术报告标准，地球物理勘查报告编写标准，地质师从业标准等；澳大利亚地质矿产标准有：矿产资源和基础原料标准，地质灾害经济评估导则，地球物理勘查数据传输和数据结构标准等。美国地质矿产标准以美国地质调查局的制图方法标准为代表，其内容涉及该局职能范围内的所有制图作业，内容十分丰富，标准的特点是：第一，该制图作业标准是国家制图法令的重要组成部分，具有技术法规强制执行的性质；第二，标准具有统一的格式；第三，标准的内容繁琐，几乎涉及所有制图作业的细枝末节。

（三）测绘地理信息标准

国际上具有代表性的测绘地理信息标准制定组织有两个，分别是国际标准化组织地理信息技术委员会（ISO/TC 211）和开放式测绘地理信息联盟（OGC）。

ISO/TC 211 及 ISO 19100 地理信息系列标准。ISO/TC 211 是国际标准化组织于 1994 年 3 月设立的一个技术委员会，主要任务是制定一套结构化的、有关地理信息的定义、描述和管理标准，编号从 ISO 19100 开始，目前已编到 ISO 19163，今后还会有新的标准依次进入该编号体系中。

OGC 及其制定的标准文件。OGC 是一个非营利性的、国际性的、由成员组织推动的一致同意标准制定组织，其目标是制定基于位置和测绘地理信息服务的一系列标准，由公司、政府部门和大学等在内的 400 多个成员组成。OGC 制定的测绘地理信息标准属事实标准或行业标准，主要有测绘地理信息和测绘地理服务共享两个技术主题。针对这两个主题，OGC 除制定并发布了许多正式标准（OpenGIS® Standards）外，还发布了其他一些文件，如讨论稿（Discussion Papers）、抽象规范（Abstract Specifications）、实施规范（Implementation Specifications）、最优方法文档（Best Practices Documents）、OGC 参考模型（OGC Reference Model，ORM）、白皮书（White Papers）等，其中最主要的是抽象规范（也称基本规范）和实施规范（也称执行规范）这两类相互关联的规范。经过 OGC 几年的努力，OGIS 已逐渐成熟，所提出的地理数据互操作技术亦被普遍接受并开始付诸应用。

（四）林业标准

国际组织和各国对林业标准化工作十分重视。目前国际标准化组织（ISO）、国际种子检验协会（ISTA）、联合国粮农组织（FAO）等都发布了关于林业方面的标准。发达国家如欧盟国家、美国、日本、澳大利亚等农业标准化体系中也都包含了林业标准的内容。

1. 国际组织有关林业标准情况

国际标准化组织（ISO）有关林业的技术委员会有TC34农产品食品、TC50胶、TC54香精油、TC55锯材和原木、TC87软木、TC89建筑纤维板、TC93淀粉、TC99木材半成品、TC120皮革、TC134肥料和土壤改良剂、TC190土壤质量、TC218木材技术委员会等。

国际种子检验协会（ISTA）是专门制定国际统一的种子检验方法标准的机构，在种子储藏、标签、检验仪器设备等方面制定统一的国际标准。国际种子检验协会下设抽样、净度、发芽、活力、水分、包衣、储藏、设备、品种、病害等10多个专门委员会。其制定的《国际种子检验规程》是国际贸易中公认的种子检验标准。

国际植物保护公约（IPPC）是联合国粮农组织（FAO）于1952年正式通过的多边条约国家标准体系。IPPC的目的是防止由植物和植物产品导致害虫的引入和传播，以及促进各签约国采取相应的控制措施，其制定的关于植物检疫措施的国际标准在国际贸易中起着重要作用。IPPC秘书处从20世纪90年代开始和各国植物保护组织制定“植物检疫措施国际标准（ISPMs）”，现共发布有36个该国际标准。

2. 发达国家林业标准化概况

发达国家林业标准大多包含在农业标准体系中，各国通过构建成熟的农业标准体系来实现包括林业在内的各类农产品的产前、产中和产后全过程标准化，通过产品质量标准的形式构建安全、系统、可操作性强、高效、受法律保护的标准化体系。尽管这些标准侧重于经济及产业领域，但也对环境和资源保护有所兼顾。

欧盟。欧盟成员国在制定标准时除了贯彻欧盟指令要求外，还充分引进和借鉴国际标准，使国内标准与国际标准相结合。例如，德国在制定标准时充分利用其作为ISO成员的优势，直接采用ISO标准作为本国标准，同时也极力促成本国标准升级为ISO标准。欧盟各国农产品生产过程的标准覆盖率达到98%～100%，且受法律法规保护。

美国。美国林业标准大都为民间团体学会和协会制定，例如美国木材委员会、美国木材保护协会、美国复合木材协会、建筑木制品协会、美国森林与纸协会、美国农业与生物工程学会等都制定了相应的标准。当政府有相关标准需求时，一方面可以通过法律法规引用的方式使团体标准上升为国家标准，另一方面当需求无法从现有团体和学会满足时，政府部门则会专门制定相应标准以便使用，例如植物检疫方面，由美国农业部动植物检疫局（APHIS）成立了专门机构来负责相关标准的研制。

日本。林业标准体系归属于由农林水产省管理的日本农业标准体系（JAS）中。和欧盟类似，日本的JAS体系是在农业和林产品标准化基础上建立起来的成熟体系，有所不同的是除了有机食品标准之外，其他JAS标准都为自愿采用。

澳大利亚。澳洲与林业相关的标准机构组织主要是澳大利亚森林和木产品有限公司（Forest and Wood Products Australia Limited，FWPA），该公司作为一家非营利性质的团体，为澳大利亚森林和木产品工业提供国家综合研究和发展服务，致力于帮助森林和木产品工业更具有协调性、创新性、可持续性和竞争力，应对其他工业和市场上的产品。成员由木材加工、林木种植相关人员及澳大利亚的林产品进口商组成。澳洲标准将林业标准与农业标准、渔业标准以及食品标准归为一大类，每个行业标准都由技术委员会负责标准的制定与发展。林业标准主要由园艺标准、植物栽培标准、林产品储存链标准等组成。

（五）国外自然资源标准的制定的形式及特点

国外自然资源标准的制定主要有三种形式：①由有关的国际组织及其下属机构组织制定，如国际标准化组织、国际地质科学联合会及其下属的委员会、联合国粮农组织及联合国经济及社会理事会等；②由政府有关部门组织制定标准，如美国矿业局和地质调查局制定的矿产资源/储量分类标准，苏联和东欧各国制定的区域地质调查规范和勘探规范等；③由有关的行业协会组织制定技术标准，如美国、澳大利亚、加拿大、英国等国有关行业协会制定的矿产资源/储量分类技术标准、勘查地球物理标准和林业标准等。

国外自然资源标准化工作有两个基本特点：一是国际标准化组织制定的标准更加注重公益性、基础性；而各个国家制定的标准更倾向与产业关联，并强调系统性和与法律法规的有效衔接；二是技术委员会是标准化活动的主体，无论是国际组织还是发达国家，对于重要标准的起草和发布都采取成立技术委员会的方式来进行，技术委员会既是标准的起草方也是标准的审查方，标准以获得委员会成员一致认可的方式得以发布，通过法律法规、公约引用和组织团体广泛使用的方式获得进一步的认可和实施。

三、国际组织有关自然资源领域相关标准体系构建研究

国际组织自然资源领域标准体系研究因服务对象不同而有所侧重，有的侧重经济、有的侧重农业、有的侧重环境，考虑了自然资源的系统性以及自然资源的一些特性，如可变性、流动性，等等。这些系列标准具备了标准体系的某些特点：一是该系列国际标准均由同一个技术委员会制定；二是系列标准均为围绕着同一个目标而制定；三是系列标准具有统一的框架，包括统一的概念和术语、统一的方法、统一的结构、统一的应用原则；四是保证整体效益最佳，保证标准化目标的最终实现是系列标准最终目的。

（一）ISO 相关领域标准体系研究

从目前掌握的资料来看，ISO 未开展自然资源领域专项标准体系构建方面的工作。相对应的，ISO 开展了很多以某一专业领域和某一目的为主的系列标准的研究。如 ISO/TC 211 制定的 ISO 19100 地理信息系列标准等。

ISO/TC 211 制定的 ISO 19100 地理信息系列标准，以实现地理信息互操作为目标，将地理信息概念的详细描述与信息技术的概念相结合，阐明地理信息管理的方法、工具和服务，包括在不同的用户、系统和地点之间，对数字或电子形式的地理数据定义、获取、分析、访问、表达和传输。

“地理信息——参考模型”作为 ISO 19100 系列标准的指导标准之一，定义了地理信息领域的标准化框架。该标准参考模型是对地理信息标准化的总体需求、涉及的概念、标准的组成、结构及其相互关系、标准制定与使用的基本原则以及标准工作的组织等内容的系统阐述。该参考模型对地理信息与信息技术关系的认识比以往要深刻，反映出地理信息与现代最先进的计算机技术、网络技术、通信技术等的密切关系，使地理信息标准体系更加完善，标准内容更加深化。

（二）SNA 和 SEEA 的自然资源标准分类体系

SNA 自然资源分类。国民账户体系（System of National Accounts 2008，SNA2008）是联合国、欧盟委员会、经济合作与发展组织、国际货币基金组织和世界银行集团联合主持制定和发布的宏观经济账户统计框架。SNA2008 的自然资源明细项目包括了土地、矿产和能源储备、非培育性生物资源、水资源、其他自然资源和无线电频谱。

SNA2008 虽然比较重视的是国内生产总值及其增长速度，但仍将自然资源单独作为一项资产纳入表内，目的是在经济增长中计入自然资源的消耗，以此来实现国民账户体系的完善、系统和科学。

SEEA 自然资源分类。环境经济核算体系中心框架（System of Environmental - Economic Accounting 2012：Central Framework，SEEA2012）是国际环境经济核算统计标准，对资源环境资产进行了统计分类。框架将自然资源分为矿产和能源资源、土地、土壤资源、木材资源、水产资源、其他生物资源（木材和水生资源除外）和水资源七大类。其中矿产和能源资源包括石油、天然气、煤和泥炭、非金属矿产和金属矿产。木材资源包括培养木材和天然木材。水产资源包括养殖和自然两种。水资源包括地面水、地下水和土壤水。

（三）国际标准产业分类体系中关于自然资源的分类体系

国际标准产业分类体系（ISIC）是联合国统计委员会为了使各国产业数据具有可比性，而提供的一个产业分类框架。ISIC 的分类是按照产业来划分，目前已经更新到第四版，涉及自然资源的产业包括：A 农业和林业，B 采矿和采石，D 电、煤气、蒸汽和空调供应，E 供水、污水处理、废物管理和补救活动，L 房地产活动。

（四）矿产储量国际报告标准委员会标准制（修）订工作分析

1. 矿产储量国际报告标准委员会（CRIRSCO）

CRIRSCO 是在采矿和冶金协会理事会（CMMI）的主持下于 1994 成立的，该组织代表澳大利亚（JORC）、巴西（CBRR）、加拿大（CIM）、智利（National Committee）、欧洲（PERC）、哈萨克斯坦（KAZRC）、蒙古（MPIGM）、俄罗斯（NAEN）、南非（SAMREC）和美国（SEM）负责研究制定矿产报告规范和指南。这些国家股票交易所上市的矿业公司的综合价值占采矿业上市资本的 80% 以上。

规范与市场相关的矿产资源和矿产储量报告的国际倡议始于 1994 年在南非召开的第十五届采矿与冶金协会理事会（CMMI）大会。会后矿物定义项目组（CRIRSCO 前身）成立，该组织由上述国家（智利为后来加入的）的代表构成，其主要目标是研发一套国际标准定义的矿产资源和矿产储量报告。1997 年，五个与会代表就矿产资源和矿产储量这两大类以及相关测定的、指示的和推断的矿产资源，探明及潜在储量的定义，达成了协议（丹佛协定）。1999 年，CRIRSCO 与联合国欧洲经济委员会（UN - ECE）达成协议。该委员会自 1992 以来就一直开展矿产资源储量和国际分类框架（UNFC）编制。本次协议整合了 UNFC 与 CMMI - CRIRSCO 两种分类框架中相同资源/储量的定义。这个协议的签署奠定了 CMMI - CRIRSCO 定义在国际上的真正地位。

随着这些协议的签署，1999 年澳大利亚发布了澳大利亚联合矿石储量委员会（JORC）规范（由澳大利亚采矿和冶金研究所、澳大利亚地质学家协会、澳大利亚矿物委员会三家构成的联合矿石储量委员会发布）的更新版本（最新为 2012 年版），紧接着南非、美国、加拿大、英国/爱尔兰/西欧、智利和秘鲁也发布了类似的规则和指南。JORC 规范的启动对这些规则和指南标准定义的发展起到了至关重要的作用。

不同的国家报告规范和指南的相似性使得 CRIRSCO 发展成为国际矿产报告规范模板。该模板可以作为一个核心报告规范和指南，为任何一个希望拥有自己的 CRIRSCO 风格储量标准的国家使用，来容纳该国的一些具体要求，如本国法律和投资监管的有关规定。

经过数年的讨论，CRIRSCO 标准定义于 2012 年 10 月正式发布。这 15 个定义在 2013 年 11 月被纳入国际 CRIRSCO 报告模板和大部分 CRIRSCO 成员国自行更新的标准模板中。

我国对 CRIRSCO 组织的运作方式和规则给予了长期跟踪和重点关注。原国土资源部于 2015 年以观察员身份参加了 CRIRSCO 年会，并组织开展了相关研究工作，目前已完成中国矿产资源储量分类英文翻译工作，起草了 CRIRSCO 分类对比方案。目前中国对接 CRIRSCO 的准备工作正在稳步进行。

2. CRIRSCO 依托机构及成员

在 2003 年采矿和冶金协会理事会灭失后，CRIRSCO 由成员国的个别专业机构支持开展工作，处于缺乏组织和财务资源来负担其拓展业务。经过一系列的讨论，CRIRSCO 在 2007 年与国际矿业和金属协会（ICMM）结成联盟，并成为该组织负责促进和维护的最佳实践报告课题组。2009 年 10 月，CRIRSCO 成为 ICMM 的战略合作伙伴。ICMM 是一个由首席执行官领导的，致力于解决关键问题和紧急问题的工业组织。它力求在国际范围和不同商业领域之间推广良好做法和提高业绩方面发挥引导作用。

基于科学和可持续发展原则，ICMM 提供了一种工业和其他关键利益相关者分享的关于挑战和开发解决方案的平台。该组织希望矿业和金属行业成为一个受尊敬的，公认的对社会和可持续发展至关重要的关键行业。

作为 ICMM 成员，公司必须与利益相关方在可持续发展合作方面建立信任和彼此尊重，包括清晰和全面的保证措施。通过此方式，矿业公司将被政府和社区视为资源开发的首选合作伙伴；被客户视为提供安全和负责任产品的基地；被投资者视为良好合作伙伴；被人才视为良好的栖息地；被金融家视为安全的、有序的、能够实现更高回报的良好企业。ICMM 目前拥有 23 家成员企业（包含了大部分世界上规模较大的矿业公司）和 34 个成员协会（包括区域矿业协会、区域和全球商品协会等）。

3. CRIRSCO 标准与其他标准的关系

矿产储量国际报告模板（CRIRSCO 储量标准）与各国储量标准的关系。矿业是影响国民经济和全球经济的一个重要因素；由其生产的商品的需求量为世界之最。这是一个真正的国际业务，取决于投资者和其他利益相关者对其财务和业务福祉的信任和信心。与许多其他行业不同的是，它基于消耗矿产资产，在开采开始之前，矿物资产的知识并不完善。因此，至关重要的是，该行业必须有效和透明地就风险与有关的投资者进行交流，以获得支持其活动所必需的信任。CRIRSCO 模板可为其他国家发展他们自己的报告标准提供指南，成为与其他国家报告系统比对的基准，包括与联合国森林资源保护委员会（UNFC）和石油工程师协会（SPE）制定的指南进行比对。它不能替代现有的行之有效的国家报告的标准。

与联合国分类框架的校准。虽然1999年与联合国欧洲经济委员会（UN－ECE）达成了一致意见，将CRIRSCO关于用于市场相关报告的资源/储量分类的定义纳入UNFC框架内，但2004年由油气工业研发的新版UNFC框架未能有效体现油气资源和固体矿产在资源量/储量分类中的差异。因此，更新的UNFC不能很好地为矿产业服务。作为回应，CRIRSCO已重新与UN－ECE接洽，并致力于依据CRIRSCO模板制定符合UNFC用户需求的资源/储量分类定义和指导方针。近期的联合国公报显示，该项目仍在推进中，认为联合国国际合作委员会应采用涵盖石油、天然气和固体矿产的通用定义，并将其重新起草为一个更简单的“总体”报告标准。该标准将包含CRIRSCO模板和石油资源管理系统（PRMS）。尽管鲜有公司使用UNFC资源/储量框架来编制其资源和储备报告，但该分类模式被包括中国、印度和一些东欧国家在内的部分政府采纳，作为其编制报告的基础。这些国家对未来矿业发展（包括证券交易所上市）的相关性是明确的，CRIRSCO正在与俄罗斯和中国共同合作，将现有储量报告编制系统映射到统一的模板中，以促进使用一致且易于理解的定义和指南。

采掘业国际财务报告规则。自2005年以来，CRIRSCO一直参与向国际会计规则委员会（IASB）提供咨询，该委员会正在考虑制定采掘业的新会计规则，作为其国际财务报告规则（IFRS）的一部分，涉及矿产储量和矿产资源的财务数据。石油工业通过石油工程师协会（SPE）也在开展同类工作。IASB最近表示倾向于使用现有的、已经被广泛接受的报告系统；主要是CRIRSCO模板和PRMS系统，而不是试图制定自己的资源和储量的定义和标准。勘探或采矿公司的主要资产，其矿产资源和储量用于折旧和减值的“规则”显然与公司财务高度相关。随着国际财务报告规则被普遍接受，CRIRSCO认为，与IASB和美国证券交易委员会（SEC）等监管机构进行沟通越来越重要，以确保其最终的标准不会使采矿公司不利或使当前国家报告标准无效。

油气和固体矿产之间的定义融合。来自联合国欧洲经济委员会和国际会计规则委员会的讨论显示，采掘业之外的人士认为，碳氢化合物和固体矿产部门工作内容相同，资源和储量定义应兼容。CRIRSCO正在与每个组织进行讨论，以展示两个行业报告系统之间的相似之处和存在的较大差异。自2006年初以来，CRIRSCO与油气储量委员会（SPE）一直保持着持续的联系，并于2007年出版了一份《CRIRSCO－SPE绘图报告》。CRIRSCO和SPE将继续共同努力，协助联合国欧洲经济委员会和其他机构解释两个行业的需求，并为未来可能融合确定主要的相似点。

4. CRIRSCO标准启示和借鉴

（1）矿业标准需求的认识

需求是一项标准产生的重要原因。这种需求可以是一种很抽象的东西，也可以是一种很具体的东西。具体方面的例子很多，不再赘述。而CRIRSCO就是一个由抽象需求所产生的标准。矿业发展需要投资者的信任和支持；投资者的信任和支持，取决于投资矿业的风险可控性；矿业投资的风险可控性取决于预测矿产品成果资料的准确程度；如何保证预测矿产品成果资料的准确度则由两个方面来决定：一是制作成果资料者的熟练度和诚实度，另一个则是制作成果过程是否科学合理。规范性文件一方面通过对制作成果过程进行要求已保证制作过程的科学合理，另一方面标准通过对制作成果人的资历要求和承诺要求以保证制作成果资料的有效、可靠和透明。当这个规范性文件可以多次重复使用、并获得一定范围内公众的认可，该文件就成为标准。

标准本身又对矿业的发展提供了巨大的支持。标准的公共认可属性使得符合标准的矿产品成果资料可以更加容易、更加广泛地获取投资者的信任与支持，使得融资、上市更为便捷；融资和上市为投资者分摊了风险，使得投资者更容易作出趋向于矿业开发的决定，从而促进了矿业的繁荣。抽象需求得到的标准更容易获得更广泛的应用。CRIRSCO 可以在全球范围内矿产勘查领域得到非常广泛的应用，表明该标准影响力极其巨大。

总结矿业标准产生的必要条件：一方面是需求，这种需求可以很具体、也可以很抽象，这种需求最终能够转化为对质量和效率的要求（过程质量包含在质量中，矿业标准更侧重于对过程质量的要求）；另外一方面，这种要求被多次、多人提出。这两方面因素是形成标准两个根本的必要条件，二者相辅相成，缺一不可。CRIRSCO 的产生充分说明了标准对于贸易尤其是繁荣市场所发挥的巨大作用。

（2）国际矿业标准制（修）订特点

CRIRSCO 产生的历史，体现了一个矿业国际标准特点，涉及范围广。首先由若干国家在国际和区域性的会议上来发起倡议；根据该倡议成立标准研制的项目组；项目组制定出相应标准后要征求各相关方意见（在 CRIRSCO 中的相关方即为发起倡议的这些国家），经过修改和协商最终达成一致（协议）；当国际和区域有类似的标准时，要考虑与类似标准间的关系（CRIRSCO 与 UN－ECE 达成协议），当然从理论上你可以不予考虑，但最终会影响标准的使用范围，并为今后使用出现分歧埋下隐患，反之则会大大提高该标准在领域中的地位；相关方正式使用该标准，并在使用中针对存在的问题提出修改意见，以供修订该标准时参考。

CRIRSCO 的编制体现了矿业标准制定的一个特点：求同存异。换句话讲是“守底线”，即对于相关方共同的需求给予规定，而对于各方特色的内容，如本国法律和投资监管的有关规定，可以在该国际标准基础上来编制自己的国家标准。CRIRSCO 的编制还体现了矿业标准制定另外一个特点：周期长。从提出倡议，到标准试用历时 6 年，而到标准正式发布则经历了 9 年时间。其中大部分时间用来协调各方的意见以便达成一致，包括与相关方达成一致（3 年）和与 UN－ECE 达成协议（2 年），标准的试用（3 年）。

国际矿业标准的制定和维护离不开组织机构及资金的长期支持；CRIRSCO 成为 ICMM 的战略合作伙伴这一行为表明：团体标准的影响力一方面与标准本身质量有关；另一方面也与制定标准机构在业内影响力有密切关系。

CRIRSCO 标准也是在制定、试用和正式使用的过程中不断地调整它的定位，以满足“最佳做法”的目标。CRIRSCO 标准最初制定的目标是希望做成一个“全球范围内通用的储量报告标准”，但在制定和协商过程中发现各个国家、地区的具体要求各不相同，而且很难达成一致，在这种情况下，CRIRSCO 调整定位，将其标准制定目标调整为“全球范围内通用的储量报告模板”；虽然仅仅增加了模板一词，却为各国的具体要求留有了余地，又不失“通用、可对比”的本质要求，解决了分歧。此外，如何确保各国标准与其他 CRIRSCO 成员标准的兼容性，是 CRIRSCO 标准需要解决的问题。这里 CRIRSCO 引入“其他成员国组成的特定的国家报告委员会审查”机制，成功地解决了这一问题，并利用该机制实现了“成员国家实践中的改进意见被吸取并嵌入到模板”的反馈功能，提高了

CRIRSCO 标准的有效性，形成了标准与应用的良性互动。

矿业标准整合并不是一件容易的工作，因为往往涉及了标准使用领域的拓宽，这种拓宽意味着更高的兼容性和标准要求更加的宽泛，要求的宽泛意味着底线的难以把控和标准使用时产生问题的大量增加，这意味着需要更多的时间来进行沟通、协调以及依据反馈意见修正标准，因此标准整合所花费的时间往往也是非常长的。尽管如此，只要存在标准整合需求，这种工作就是有意义的。

（五）其他国际组织的自然资源相关标准体系

联合国粮农组织（FAO）。FAO 为满足对农业资源管理需要，将自然资源划分为土地资源、水资源、森林资源、牧地饲料资源、野生动物资源、鱼类资源及种质遗传资源等。

联合国经济及社会理事会（ECOSOC）。ECOSOC 设有能源和自然资源促进发展委员会，并按资源类型设置能源问题分组和水资源分组，且对可耗竭性资源设置了分类框架。2009 年修订完成《联合国化石能源与矿产资源分类框架（2009）》，框架保持三轴架构，分别为 E（Economic and social viability）、F（Field project status and feasibility）、G（Geological knowledge）。E 轴考虑非科技因素外的经济、法律、环境等问题；F 轴代表项目状态和资源开发技术的可行性；G 轴代表对目标矿产地的地质认知程度。

四、国外自然资源领域标准化机构运行体制机制研究

发达国家标准化的发展及管理体制均经历过由政府主导型向学术团体主导型过渡的历程。国外标准化管理或协调机构多以行业协会、学会等非政府性民间组织的形式存在，标准化主管决策机构是由各方利益组织代表组建的委员会或理事会。标准化已渗透到发达国家经济社会各个领域，形成了高效的运行机制，即政府监管、专业团体制定、满足社会和行业发展需求，专设机构或协会审批实施。以地质矿产标准化为例，国外地质矿产勘查技术标准制定主要分为两部分：一部分为公益性、基础性地质工作的技术标准，如地层单位、地质年代、岩石矿物分类、地质制图与信息服务等标准，多由政府部门、国际标准化机构和地质学会组织制定；另一部分为矿业方面的技术标准，多由各国的行业协会组织或跨国矿业公司制定。欧美等发达国家和澳大利亚自愿性标准化体制基本上都是由国际标准、政府标准、团体标准和企业标准组成。现行国外的标准化体制是自愿开放的，制定标准的民间标准化组织很多且不统一。各地质学会、矿业公司为了在行业中拥有“话语权”，广泛参与地质标准的制定，从而导致国外地质标准的数量、分类比较多，部分领域出现标准重复、交叉、分散的现象，没有相对成熟的地质标准体系。受项目时间、经费和收集资料渠道等方面的种种限制，项目组难以从综合的角度来对国外自然资源标准化管理体制机制进行对比分析，因此，项目组采取着重研究自然资源领域标准制（修）订组织的方式，由点到面，来分析提出国外自然资源领域标准化机构运作中值得借鉴的部分。

（一）美国联邦地理数据委员会标准制（修）订机制

1. 美国联邦地理数据委员会（FGDC）概况

FGDC 是依据美国行政管理和预算局（OMB）A－16 号通告成立的一个跨部门的委员会，负责推动 OMB A－16 通告中的相关活动，并支持美国国家空间数据基础设施的实施。

FGDC 主席由内政部部长担任，OMB 副局长担任副主席。主席与副主席可以任命某个人来代替。所有负责空间数据工作的机构都被要求成为 FGDC 的成员，该委员会有 32 个会员，分别来自总统执行办公室、内阁和独立的联邦机构，包括：农业部、商务部、国防部、能源部、健康与人类服务部、住房和城市发展部、内政部、司法部、外交部、交通部、联邦紧急事务管理局、环保局、国会图书馆、国家档案及文件总署、国家航空和航天局、国家科学基金委员会、田纳西河流域管理局等。

FGDC 活动通过其秘书处来管理，由美国地质调查局（USGS）负责。FGDC 各专业分技术委员会（简称“分委会”）和项目组是与州、地区、地方、私营企业、非营利组织、学术界以及国际组织不断协商和合作开展工作。FGDC 按照现行法律、条例和政策，制定程序和委员会结构，为政府间协调和 NSDI 的实施提供必要支撑。政府部门可以选出，或者被分派担任特定分委会、项目组或其他委员会的领导职能，与部门或者机构现在的权限相对应，或者部分对应。现行的 FGDC 的管理框架和规章制度在该通告中继续延续并有效，并可以根据现存的程序修改。内政部将对 FGDC 提供行政支持。FGDC 现在活动的分委会有 11 个，分别是地籍、文化资源、联邦大地测量控制、地质数据、国家基础设施建设水平数据、海洋与海岸空间数据、国家数字正射影像计划、空间水资源数据、运输、植被、湿地。活动的项目组有四个，分别是农业与科技、用户/历史数据、地籍、标准。

2. 美国联邦地理数据委员会（FGDC）标准

美国国家地理空间数据标准的研究制定是其任务之一，包括研发地理空间数据的内容、精度和转换等方面的标准。联邦政府在搜集、使用或传播地理信息和实施相关空间数据活动时，均要使用 FGDC 签发的标准。非联邦政府部门也被鼓励使用 FGDC 签发的标准以便于数据共享。FGDC 签批的现行标准目录见表 2－1。

表 2－1　FGDC签批的现行标准

序号	标准名称	编号
1	数字地理空间元数据内容标准	
2	空间数据转换标准	
3	地籍数据内容标准	FGDC－STD－003
4	美国的湿地与深海生态环境的分类	FGDC－STD－004
5	国家植被分类标准	FGDC－STD－005－2008
6	土壤地理数据标准	FGDC－STD－006
7	地理空间定位精度标准	
8	数字正射影像内容标准	FGDC－STD－008－1999
9	遥感扫描带数据内容标准	FGDC－STD－009－1999
10	公用事业数据内容标准	FGDC－STD－010－2000
11	美国国家网格标准	FGDC－STD－011－2001
12	地理空间元数据内容标准	FGDC－STD－012－2002
13	地质图符号化的数字制图标准	FGDC－STD－013－2006

续表

序号	标准名称	编号
14	地面高程框架数据内容标准	
15	湿地填图标准	FGDC－STD－015－2009
16	联邦跟踪数据标准	FGDC－STD－017－2011
17	海岸带和海洋生态分类标准	FGDC－STD－018－2012
18	不动产资产数据标准（RPADS）	FGDC－STD－019－2014

FGDC 标准项目组（SWG）主要负责为 FGDC 分委会和项目组提供标准化技术指导，制定 FGDC 标准的政策和程序，并依据该政策与程序审查标准提案和草案，并向协调小组推荐以获得 FGDC 最终的认可和批准。

3. FGDC 标准制定流程

FGDC 标准项目组制定了标准参考模型（Standards Reference Model），并于 1996 年 3 月发布。建立该模型的目的是为开发人员和用户提供 FGDC 标准的指导和说明。在参考模型中，引用 1994 年 12906 号美国总统行政令，明确了 FGDC 为协调国家空间数据基础设施（NSDI）的领导机构；明确了 FGDC 标准的工作目标、任务和职责，即在不同级别的政府部门之间协调空间数据主题，建设和实施数据标准以保障其质量、内容和传输。该模型还阐述了模型建立的过程与维护方法，阐述了 FGDC 参考模型的结构和内涵，并对 FGDC 标准制定的原则和过程进行了详细的描述。FGDC 标准制定程序采用了 ISO 和 ANSI 标准的制定程序，共分五个阶段，12 个步骤，每一步都有一个固定的小组对标准进行负责，即管理者。管理者负责确定标准进入下一步骤的时间，见表 2－2。在 12 个步骤中，有三个步骤需要标准项目组对相关文件进行审查，即步骤 2 的建议审查，步骤 6 的出版前审查，步骤 10 的发布前审查。审查内容中包括一项“整合性”的内容，“整合性”内容的审查包括三个方面：一是是否有其他类似的标准存在，或者是否有其他类似标准在研制？二是该标准是否与现有标准存在交叉重复；三是该标准是否与相关标准协调一致。

表 2－2　FGDC 标准制定程序及时间

阶段	步骤	内容	管理者	时间
I. 立项阶段	1. 建议形成	一项新的 NSDI 标准项目建议被提交	标准工作组	未知
	2. 建议审查	标准工作组审查并评价标准建议，发布征求意见稿以征求公众意见	标准工作组	至少 14 天
II. 设计阶段	3. 建立项目	FGDC 分委会或工作组建立项目并激活标准研发	FGDC 分委会或工作组	
III. 草稿阶段	4. 形成工作草案	标准研发组开展标准研制	标准研发组	这两步可以进行 1～5 年
	5. 评论工作草案	标准研发组提交供出版前审查的工作草案和公众审查委员会草案	FGDC 分委会或工作组	

续表

阶段	步骤	内容	管理者	时间
IV. 审查阶段	6. 审查评价委员会草案	标准工作组评价委员会标准草案，并向协调小组提出公共审查的建议	标准工作组	至少 30 天
	7. 批准标准进行公共审查	协调小组审查工作组的建议，并批准标准进行公众审查	FGDC 协调小组	至少 14 天
	8. 协调公众审查	FGDC 秘书处宣布并协调标准的公共审查；标准的测试和验证在此阶段进行	FGDC 秘书处	90 天
	9. 处理意见和异议	标准研发小组处理所有的意见，形成标准修改稿和意见处理文件；并列出标准的测试和验证结果	标准研发小组	6 个月或更长
	10. 对公众意见的回应	提出的标准和公众反馈意见处理文件供标准工作组审查	标准工作组	至少 30 天
	11. 批准标准发布	协调小组审查工作组的意见，并推荐 FGDC 发布标准	FGDC 协调组	至少 14 天
V. 最终阶段	12. 批准	FGDC 监管委员会审查 FGDC 协调小组的评价并批准发布标准	FGDC 监管委员会	至少 10 天

4. FGDC 的标准化与我国地质领域标准化工作机制对比

（1）组织机构对比

对了便于对比，我们将以上信息总结为表 2－3，从表中可以看出，在机构构成上，美国 FGDC 标准化组织更健全，共有六个层次的机构来参与标准化工作。在机构职责上，各机构分工具体，任务明确。而我国地质领域的标准化工作，只有四个层级的机构参与，缺乏项目协调、标准审查、监督等职能及机构设置。

表 2－3　FGDC 与我国地质领域标准化机构对比

职责	美国	中国
管理机构	指导委员会	部科技司、各业务主管司局
	执行委员会（向指导委员会提供咨询和建议）	全国自然资源与国土空间规划标准化技术委员会（秘书处）
协调	协调小组（日常业务）	全国自然资源与国土空间规划标准化技术委员会（秘书处）
监督	协调小组（分委会和项目组）	—
项目管理	分委会（专业领域）	各业务主管司局、分技术委员会秘书处
	项目组（横向、交叉领域）	—
标准审查	标准项目组	全国自然资源与国土空间规划标准化技术委员会（秘书处）和其分技术委员会秘书处
制定政策和程序	标准项目组	科技司

（2）标准制定流程对比

美国 FGDC 标准制定流程从提案到批准共分五个阶段，12 个步骤，每个步骤规定的特别详细，包括三个审查步骤、对公众评论的回馈、对回馈的评估，等等。每个步骤均指定了管理机构，以推动该步骤工作的推进。因此，标准的制定更加严谨、全面。相比而言，我国地质领域的标准制定流程从立项到批准共分五个阶段，划分的具体步骤相对 FGDC 流程较为模糊。而且在标准制定的三个关键步骤（起草、征求意见、审查）方面存在细节上的不同。

标准起草。FGDC 在标准起草阶段伊始，编写小组需先制定编写方案，确定现有标准及标准编写活动，并依据 OMB 条款 A－119 评估其与标准项目的相关性。评估结果有三种情况，一是如果已存在该标准，无论是国际标准、国家标准、团体标准还是非正式标准，应采用现有规范。二是如果现行标准不适用，标准编写小组会考虑修改现有标准，即将现有标准作为新标准制定的基础。三是研制新标准，当采用或修改现行标准不够合适或不够充分，编写小组可以研制新的标准。在时间上，这个阶段没有限制，可以是 1 ~5 年。与 FGDC 相比，我国的标准编制机构在编写标准之前，对相关标准、适用标准的研究缺乏相对明确的程序要求。

征求意见。FGDC 标准在征求意见之前，有一个非常重要的步骤，即步骤 5，对标准草案的协调。在这一步，为了广泛地吸纳意见，工作草案被提供给 FGDC 主管分委会或项目组。分委会或项目组会选择征求受到该草案影响的联邦或非联邦机构的意见。这一步之后，标准才进入公众审查阶段。我国地质领域标准制定流程中，缺乏对标准草案，尤其是管理层间协调的明确机构设置和程序步骤要求。导致标准批准阶段，因部门内部或部门间提出意见难以及时报批。

审查。对于标准的审查，FGDC 设立了三个层次（步骤 2 的立项审查，步骤 6 的出版前审查，步骤 10 的发布前审查）的审查工作均由标准项目组负责，并且在参考模板中均规定了对应的审查指标。如前已述及的“整合性”内容审查。同时，对于审查不通过的情况，FGDC 也进行了规定。例如，步骤 2，如果提案没有通过，提案会被退回给申请人，并附上退回的详细说明，有时候 SWG 会对提案提出使其被接受的修改建议。步骤 6、10 中，对于不被批准的委员会草案或提案将被返回给标准编写小组。而对比我国地质矿产行业标准审查工作缺少整合性程序要求，同时也并未形成标准审查的合理退出机制，对于退回的操作流程、实施单位或组织缺少具体程序要求。

（3）对比小结

FGDC 制定的标准在性质上来说与我国地质领域标准相似，都属于公益性、基础性标准，其在标准制（修）订流程与运行机制的许多做法，值得我们借鉴。①为保证标准制（修）订工作顺利开展应制定细化的标准制（修）订程序要求；②对标准提案要进行充分论证与评估，确定是否有必要建立该项目，避免交叉重复；③在标准制定过程中，协调相关政府部门的意见非常重要，协调的时间非常关键，鼓励设立相关标准协调机构并在标准制定程序中明确部门协调的具体工作内容和要求；④重视标准审查工作，形成良好的审查机制，指定机构（如标准化技术委员会）负责各项审查工作，包括立项审查、出版前审查、发布前审查，并明确审查内容，尤其要重视审查标准是否存在交叉、与其他标准的协调、国外标准的情况等；⑤在重视标准审查的同时，应建立标准退回机制，制定退回的操作流程，并指定相关机构（如标准化技术委员会）负责。

（二）澳大利亚联合矿石储量委员会（JORC）标准制（修）订机制

JORC 规则由澳大利亚联合矿石储量委员会（简称“JORC 委员会”）编制。JORC 委员会成立于 1971 年，由澳大利亚矿业及其专业组织赞助。该委员会由三家上级机构的代表组成：澳大利亚矿物委员会（澳大利亚矿业委员会）、澳大利亚矿业与冶金协会和澳大利亚地质科学研究院（AIG），以及澳大利亚证券交易所（ASX）、澳大利亚金融服务研究所（FinSIA）和会计行业的代表。委员会负责 JORC 规则的制定和持续更新。委员会还与矿产储量国际报告标准委员会密切合作，确保在制定报告标准方面的国际一致性，并推动实施有关标准和规则的最佳做法。

1. JORC 规则

“澳大利亚勘探结果、矿产资源和矿石储量报告”（简称“JORC 规则”）是专业操作规范，规定了矿产勘探结果，矿产资源和矿石储量的公开报告的最低标准，并确保有关这些事项的公开报告包含投资者及其顾问合理要求的所有信息，并对所报告的结果和估计进行平衡判断。它通过以下方式实现：

制定和规定澳大利亚矿产资源和矿石储量勘探结果公开报告的最低标准；制定一个将吨位（或数量）和等级（或质量）作为估算矿产资源或矿石储量分类的系统，并分为反映不同程度的确定性或置信度的类别；指定合格人员所需的资格和经验；阐述合格人员和公司董事会关于矿产资源和矿石储量勘探成果报告的责任；提供主管人员在编制矿产资源和矿石储量公开勘探结果报告期间应考虑的主要标准清单。

JORC 规则根据地质知识的信心水平和公共报告中的技术和经济因素提供了矿产勘探结果、矿产资源和矿石储量分类的强制性系统。根据 JORC 规则编制的公开报告是为了向投资者或潜在投资者及其顾问提供信息而编制的报告。其中包括但不限于年度和季度公司报告、新闻稿、信息备忘录、技术文件、网站发布和公开演示的勘探结果、矿产资源和矿石储量估计。JORC 规则于 1989 年首次发布，最近一次修订版于 2012 年底发布，二者分别于 1989 年和 1992 年纳入澳大利亚和新西兰证券交易所的上市规则中，在澳大利亚和新西兰的上市公司中强制要求执行该规则。当前版本的 JORC 规则于 2012 年发布，在过渡期之后，2012 版于 2013 年 12 月 1 日开始强制执行。

2. JORC 规则的早期历史

在 20 世纪 60 年代末期的澳大利亚，与西澳大利亚所谓的波塞冬镍矿繁荣与萧条有关的虚假报告行为令人担忧。澳大利亚矿业委员会为应对该挑战和自我调节，成立了一个委员会来审议这个问题。澳大利亚矿业研究所及时加入，形成了澳大利亚联合矿石储量委员会（JORC）。澳大利亚地质科学研究院（AIG）于 1992 年成为 JORC 的第三个母体机构。代表 JORC 的其他组织是澳大利亚证券交易所（ASX）和澳大利亚证券研究所（SIA）。JORC 为常设委员会，自 1971 年以来一直持续存在。

1972 年至 1989 年期间，JORC 发布了一些报告，提出了公开报告和矿石储量分类的建议，并逐渐制定了 JORC 规则。这些建议只有指南的地位，但随着时间的推移，大多数澳大利亚矿业和勘探公司逐渐采用。1972 年 JORC 的第一本出版物介绍了“规则”的核心概念，即合格人士。1989 年 2 月，JORC 发布了 JORC Code 的第一版。除了更新和改进以前的文件，还正式引入澳大利亚矿产资源概念作为矿石储量的前提。它立即被纳入ASX上市规则，从而对澳大利亚证券交易所上市的公司具有约束力。通过这些过程，个人和公司都必须遵守JORC规则，这是其成功的主要因素。它于1992年被融入AIG规则，同年被并入新西兰证券交易所（NZX）上市规则。1990年颁布的“JORC法典”指南，分别于1992年、1993年、1996年、1999年和2004年又修订。

JORC规则现已在大洋洲澳大拉西亚地区被广泛接受，近年来已被许多主要国际矿业公司用作内部报告标准，并作为许多国家制定或修订其报告文件过程中的模板。

3. 2012版JORC规则的研制

JORC和ASX于2004年开始更新JORC规则，于2004年至2008年期间发布的一系列共同编制的更新版。2011年旧版审查流程正式启动。2011年10月，JORC委员会发布了55页“问题文件”开始对JORC规则如何改进进行研讨。“问题文件”收录了大量的意见反馈，包括114份书面意见以及通过公开论坛和会议收到的进一步重要反馈意见。“问题文件”的广泛反馈中要求JORC规则坚决支持基于原则的专业规则。意见还强调，需要改进披露标准，并在公开报告中在信息披露透明度、重要性和能力等原则之间取得更大的平衡。对于许多问题当然有不同的看法，但对于JORC规则的整体方向，以及提高披露结果，矿产资源和矿石储量报告的披露水平和透明度的需求，都有明确的多数共识。

关于JORC规则未来发展方向的明确信息，JORC委员会准备了2012年9月发布的JORC规则征求意见稿，征求公众意见。除了在咨询论坛和会议上发表的许多意见外，JORC还收到了82份针对征求意见的书面意见书。收到的绝大多数意见支持征求意见稿中提出的JORC规则的变更方向。评论还提供了许多有价值的建议，使得JORC委员会能够进一步完善JORC Code 2012版的最终案文，以消除歧义，减少误解规则的可能性，确保其意图和要求尽可能清晰。

矿产储量国际报告规则委员会（CRIRSCO）也提供了一些非常有价值的意见，协助确保JORC标准2012版与其国际同类标准保持一致，特别是在JORC标准2012规则中采纳目前CRIRSCO标准定义（矿产资源和矿石储量及其分类、公共报告、合格人员、修改因素、勘探目标和范围界定、可行性和可行性研究）。JORC标准2012版是目前的最新版本，它于2012年12月20日发布时开始实施。

4. JORC关于标准实施的一些做法

不遵守JORC守则的处理方法。ORC委员会不是一个警务机构，也不能处理涉嫌不遵守的投诉，但JORC委员会给出了不遵守JORC规则的投诉方式：有关合格人员不遵守规则的投诉应由合格人员所属职业协会提出。发布公开报告的公司对不遵守规则的投诉应与适当的监管机构和/或证券交易所挂钩。合格人员必须是澳大利亚矿业与冶金协会（AusIMM）、澳大利亚地质科学研究院（AIG）或批准的RPO的成员。如果有合格人员违反了JORC守则规定的义务，投诉应针对相关专业组织。公司报告公司不遵守守则的，应当向公共报告管辖范围内的有关证券交易所和/或证券监管机构提出。

关于合格人员的定义。勘探成果、矿产资源或矿石储量的公开报告是必须依据JORC规则，合理地反映合格人员编制的文件。公司必须事先获得合格人员的书面同意，以报告主管人员工作的形式和背景。合格人员必须是澳大利亚矿业冶金研究所或澳大利亚地质科学研究院的会员或研究员，或是认可的专业组织。合格人员必须具有至少五年的相关工作经验。

关于认可组织（PRO）的要求。①作为涵盖矿业和/或勘探行业专业人士的自律组织；②主要依据学历和专业经验；③要求遵守世界各地组织（不仅在本组织内部管辖范围内）的专业能力和道德标准；④具有纪律处分权，包括在世界任何地方违反职业能力或道德准则的行为，暂停或驱逐会员的权力。

JORC将会从寻求成为RPO的专业组织收到加入申请。收到申请后，申请将由JORC及其上级机构代表组成的ROPO专责小组审议。然后，项目组向JORC委员会及其上级机构（澳大利亚管理协会、AIG和MCA）提出建议，然后向ASX提出有关RPO列表的任何补充建议。希望担任合格人员的RPO的任何成员也必须能够满足主管人员的其他JORC规范要求。作为建立RPO制度的协议的一部分，ASX要求RPO不仅能够处理与合格人员和JORC守则有关的道德上的投诉，而且有能力处理这样的投诉。因此，每个RPO都有义务根据JORC规则对不遵守JORC规则的RPO人员进行调查，并应将调查结果通知JORC主席。

5. JORC标准借鉴和启示

重视征求意见的总结。在研究JORC征求意见的整个过程中，应当发现征求意见工作也是有一些值得学习的经验。首先对标准存在问题进行汇总，形成“问题文件”；使用“问题文件”作为征求意见对象（靶子）进行广泛的讨论，获得反馈意见；其次对意见进行整理、总结时，不仅仅要整理问题，也要注意对共识的整理，特别是标准编制基本原则、标准需求、标准方向、标准功能等内容相关共识的整理，这些是标准得以延续的基石；最后，在整理的基础上，形成征求意见稿，作为征求意见对象进行下一步的征求意见，这时应针对性地引导公众对同一问题中有价值的意见进行讨论、研判，以期实现协商一致、达成共识。因此，从JORC征求意见过程中可以发现，征求意见不是单纯地将问题收集、整理、总结分析、提出修改意见、形成下一阶段文件的一个流程，它包含了很多的细节和侧重，这些细节和侧重将会对标准制（修）订结果和标准质量产生重要的影响。

标准实施与合格评定和认证认可相结合。研究显示，市场经济国家标准化与合格评定、认证认可工作结合紧密，通过合格评定和认证认可来推动标准的实施始终是市场经济国家推动标准实施的有效方式。这一点上JORC规则也不例外，尽管JORC委员会不负责标准实施的监督，但其通过合格人员和认可组织提出承诺和具体要求的方式间接促进了标准实施监督检查。当然这种方式是建立在十分重视标准化环境建设，全社会具有良好的标准化意识、行业企业自律意识和社会公共监督意识的基础上才能得以实现的。

五、国际标准体系建设的经验与启示

通过研究分析国外自然资源标准及标准体系，以及美国联邦地理数据委员会（FGDC）、矿产储量国际报告标准委员会（CRIRSCO）、澳大利亚联合矿石储量委员会（JORC）等自然资源领域标准化机构及其标准制（修）订工作，值得我国自然资源领域标准化管理学习和借鉴。主要包括：

1）应充分认识并理解自然资源领域标准化工作的特殊之处。自然资源领域标准化相对其他行业标准化工作有其特殊之处。首先，涉及领域广；其次，自然资源领域标准制定周期长；第三，自然资源领域标准大部分为公益性质的标准，需要长期稳定的维护更新和相关财政支持。针对以上特点，在行业标准化管理体制机制方面可以借鉴的经验和做法可总结如下：一是针对涉及面广难以协调的标准制（修）订工作，FGDC 为此类标准提供了很好的借鉴。做法如下：在现行法律框架内，由一个相关部门高层牵头，其他相关部门派代表参与，为制定和使用专门某类重要且涉及范围广泛的标准共同组成一个协调各部门并提供必要支持的委员会或特定项目组；该委员会或特定项目组的作用不仅限于协调和制定标准，各部门在开展相关活动时，它还有监督和促进本部门使用标准的义务，而各个部门通过它实现了从标准互通到彼此工作的衔接、数据共享。二是针对标准制（修）订周期长的问题，应在立项阶段和标准起草阶段给予较高的时间上限，如 FGDC 在设计阶段对于标准研发并未给出时限要求，而起草阶段的时限也给出 1 ~5 年的时间上限；同时，在标准计划征集工作中明确，只有具备成熟标准文本的立项，才可以申请进入拟报批计划，同时应对误入的不成熟标准设置合理退出机制，避免影响标准计划完成度。三是管理机构应建立重要标准立项承担单位评选机制，为重要的、影响力广泛的自然资源标准选择权威的标准制（修）订和维护机构，并给予长期稳定的财政支持。

2）及时制定细化的、可操作性强的标准制（修）订相关规章。责权明晰、分工明确是 FGDC 的标准化工作值得借鉴的一个重要方面，FGDC 从组织机构上，充分体现了职责和工作机构的一一对应，即相应的职责由相应的专属机构来完成；另一方面，标准制定流程从提案到批准共分五个阶段，12 个步骤，每个步骤规定得十分详细，指定了履职机构，以推动该步骤工作的进行，便于监督、管理。当前我国自然资源标准化领域一方面仅在行业标准化管理制度中对组织机构职责分工有粗线条的要求，在责权明晰方面还不够细致，多个职责都是由一个部门来承担或一个职责多部门承担的状况在实际工作中时有发生，标准制定流程只有大的阶段要求，缺乏详细、可考核、可操作性强的细化要求。在制定行业标准制（修）订工作相关规章中，还有一些具体的做法值得借鉴。如：标准提案要求进行充分论证与评估，确定是否有必要建立该项目，明确提出开展项目相关性、整合性评估，同时在标准审查阶段明确相关性、整合性审查机制；鼓励设立相关标准协调机构，或在标准制定程序中明确相关业务司局和部门间协调的具体要求；建立标准制（修）订工作的退回（退出）机制，制定退回的操作流程，并指定相关机构（如标准化技术委员会）负责；对同一类型、同一领域、成系列的标准（类似 FGDC 标准）鼓励编制标准参考模型（Standards Reference Model）。建立模型的目的是为开发人员和用户提供标准的指导和说明。在参考模型中明确标准制（修）订共同的领导机构，明确目标、任务和职责，以便于标准间的统一、协调。

3）充分重视并提高全社会对自然资源领域及标准化的认识。自然资源领域本身是一个不为社会公众所熟知的一个行业，且该行业标准化需求又大都十分抽象、模糊，因此自然资源标准化工作难以为社会公众甚至业内人士所了解和理解。为了更好地使用标准这个工具，应该让社会公众了解、理解并参与标准化工作。我们必须从根本上提高全社会自然资源领域标准化的认识，其重点主要包括以下几个方面：一是对自然资源领域标准需求的认识。自然资源领域标准产生的必要条件包括：一方面是需求，需求是一项标准产生的重要原因，这种需求可以很具体也可以很抽象，抽象的需求得到的标准更容易获得更广泛的应用，这种需求最终能够转化为对质量和效率的要求（过程质量包含在质量中，矿业标准更侧重于对过程质量的要求）；另外一方面，这种需求被多次、多人提出。这两个方面因素是形成标准的两个根本的必要条件，二者相辅相成，缺一不可。二是标准制（修）订过程本质上是一个求同存异的过程，即在“守底线”的基础上进行协商，即对于相关方共同的需求给予规定，而对于各方特色的内容，在一定框架的范围内有所取舍。三是标准制（修）订的目标不是一成不变的，是可以调整的。标准化工作最终的目的是达到协商一致、达到最佳做法。在标准编制过程中出现分歧是很正常的事情，不能因此而逃避分歧，忽视分歧或各持己见，而是应该积极寻求解决、消除分歧的方法，一旦找到恰当的方法，是可以做到双赢和共赢的。四是关于标准化宣传，公共机构（特别是政府）应加强标准及标准化基础知识的大力普及，包括媒体的宣传，从宣传方式、宣传内容上进行扩展，让普通民众真正理解标准对行业和企业发展的作用，才能更好地提高社会公众使用标准、参与标准研制的热情。宣传内容上不仅仅是将标准定义、标准分类、标准目录及全文向社会公开，而是要有针对性（如面向创业者、企业介绍标准的功能：从标准与流程、标准与政策的角度来进行标准宣传）地对标准从地位、功能、使用方法等角度进行解读，要用简单、容易理解的语言来介绍标准，用生动的案例来说明标准。

第二节　国内自然资源标准体系建设及管理体制机制研究

一、国内自然资源标准化现状

（一）自然资源标准化整体状况

自然资源标准化作为自然资源管理工作的重要组成部分，为自然资源行政审批、监管执法、定额预算、工作部署、质量评价提供了技术支撑。2018 年自然资源部组建以来，围绕支撑部“两统一”职责定位、建设生态文明和高质量发展重要战略部署，积极推进自然资源标准化建设，逐步建立起包括组织体系、技术体系、标准体系、标准制（修）订计划和重要标准研制等工作构成的较为完善的自然资源标准化工作体系，为“山水林田湖草”标准统一，为自然资源标准化工作深入开展打下了坚实的基础。具体包括：

第一，完善了自然资源标准化管理体制。自然资源部整合了原国土资源、测绘地理信息、海洋等领域的标准化行政管理职责，在自然资源部科技发展司成立标准管理处，专职负责管理自然资源领域标准化工作。标准管理处的成立体现了自然资源部对标准化工作的重视，标志着自然资源领域标准化管理工作进入了专业化、精细化、规范化的新阶段，为进一步提高标准化行政管理工作效率提供了组织保障。

第二，加强了顶层设计。一是构建组织体系。成立自然资源部标准化工作管理委员会，主要负责统筹自然资源标准化工作，组织制定管理办法、审定标准计划、协调重大标准问题等。同时，充分发挥职能司局作用，科技发展司归口管理标准化工作，负责拟定自然资源标准化规划、计划，承办标准化日常工作；部具有标准化职能的相关司局，负责研究提出技术标准需求，指导拟定相关标准，对已颁布标准宣贯和执行。此外，加强专业力量的建设。承担标准化工作任务的事业单位，负责开展本领域标准化研究，组织专业人员开展标准研究、起草和制（修）订等工作。二是整合完善技术组织体系。整合并重构 TC93、TC230、TC283、TC298 等标准化技术委员会，为做好自然资源标准制（修）订工作，为自然资源统一管理提供强有力的标准化支撑提供了技术力量保障。

第三，发布了年度标准制（修）订工作计划，提升标准化对自然资源各项业务工作的支撑服务水平。标准化归口管理司局组织国土、海洋、地信、测绘等标准化技术委员会和工作委员会研究制定了 2019 年度自然资源标准制（修）订工作计划，有力地支撑了部“两统一”职责的履行，满足了开展国土空间规划、自然资源资产核算、生态修复、自然资源分类、调查等重点业务工作对标准的需求。

第四，围绕自然资源管理和各项重要业务工作对标准的需求，研制和发布实施了一批标准。围绕全国国土调查工作发布实施了《第三次全国国土调查技术规程》《国土调查数据库标准》等重要基础标准，为加强全国国土调查工作技术指导和事中事后监管提供了标准依据。围绕矿产资源调查评价等，制定了《煤层气资源评价规范》《海洋地质取样技术规程》《页岩气资源调查评价技术要求》等标准，为基础性、公益性矿产资源调查、评价等工作提供了技术支撑。围绕自然灾害防治等，制定了《风暴潮、海浪灾害现场调查技术规范》《海洋灾害风险评估和区划技术导则》等标准。

第五，持续推动自然资源标准宣贯与社会化服务。大力推动已发布实施标准的宣贯推广，发挥标准在科技成果转化应用中的桥梁作用。通过自然资源标准化信息服务平台、自然资源标准化微信公众号等平台及时公告标准发布实施动态，完成了 500 余项标准目录的更新以及行业标准全文免费公开。在广西举办了“自然资源标准编写培训班”，为加强自然资源标准化人才队伍建设，提升标准研制质量、推动标准化工作良好发展奠定了基础。

第六，加强自然资源标准化信息服务平台建设。2019 年 12 月 20 日，自然资源标准化信息服务平台正式开通，通过平台的开通上线，进一步完善标准制（修）订全流程管控，实现自然资源标准全文免费向公众公开并提供检索服务，增加了国家及自然资源标准化方针政策宣传和普及标准化知识的渠道，及时反映自然资源标准化工作动态从而加速了自然资源标准化管理和社会服务信息化的进程。

（二）土地资源标准化研究现状

我国土地资源标准化工作起步较晚。在 1986 年以前，我国土地资源分别由农业、林业、水利、交通、城建、规划等多部门管理，土地资源标准化工作由各部门按照本部门的规章依各自的需要编制，以土地利用分类为例，《土壤普查技术规程》《林业清查技术规程》《草地资源调查技术规程》《海岸带调查技术规程》等技术标准中都有了土地利用分类，但各部门之间分类体系相互不衔接，地类含义相差甚远，口径不一致，造成分类概念的混乱，影响了我国土地资源的统一管理和调查与评价工作。

1986 年，我国成立了国家土地管理局，实现了城乡地政的统一管理。近 10 多年间，根据土地管理工作的需要，我国先后制定了一系列的技术规程，如《城镇地籍调查规程》（TD 1001—90）、《土地利用现状调查地（市）级汇总技术规程》（TD 1002—93）、《土地利用现状调查省级汇总技术规程》（TD 1003—94）、《县级土地利用总体规划编制技术规程（试行）》等；同时根据工作需要，对《土地利用变更调查技术规程》《建设项目用地勘测定界技术规程》《耕地后备资源调查评价技术规程》《土地利用动态遥感监测》《农业用地分等定级规程》《县级土地利用数据库建设技术规程》《农村地籍调查规程》等技术标准进行了前期调研和论证工作；另外，对土地利用分类标准、土地信息分类标准、土地术语标准、各类专项图件的图式图例标准等基础性标准的研究和制定工作也已经列入议事日程。1998 年国土资源部成立，各级领导对土地资源标准化建设的重视程度大大提高，土地资源国家标准和行业标准不断制定出台，有效地推进了土地资源标准化建设的进程。通过各方面努力土地资源标准化工作取得了长足的进步。截至 2017 年底，共发布土地领域国家标准 8 项，土地领域行业标准 56 项。

（三）地质矿产及水工环标准化研究现状

1998 年政府机构改革成立了国土资源部。国土资源管理体制发生重大变化，有关地质矿产行政管理的职责包括：矿产开发管理——采矿权及其转让的管理、采矿权评估管理，矿产资源开发、利用和保护监督管理等；矿产资源储量管理——资源储量评审认定、储量登记统计、地质资料汇交管理等；地质环境管理——组织监测、防治地质灾害和保护地质遗迹、水工环地质勘查评价、保护地质环境等；地质勘查管理——探矿权及其转让管理、探矿权评估管理、组织矿产资源和海洋资源调查评价等。

原国土资源部还承担着资源调查、评价以及向社会提供公共信息服务的职责：国土资源调查、评价——（地矿部分）实施国家基础性、公益性、战略性地质和矿产勘查工作；信息服务——负责资源基础信息和资源利用情况、变化趋势动态数据的收集、技术处理及预测分析，为政府部门提供决策支持，向社会提供公益服务。原国土资源部成立伊始就将国土资源标准化工作作为国土资源管理的重要技术基础性工作，地质矿产标准制（修）订工作取得了重要成就。中国地质调查局根据工作需要，还制定了区调、矿产、物探、化探、遥感等内部使用的技术标准 200 余项，这些标准基本涵盖了区域地质调查，矿产资源勘查，水文地质、工程地质、环境地质勘查，地质灾害防治、地质实验测试等地质矿产工作领域，在一定程度上满足了新时期地矿工作对标准化工作的需求。

（四）测绘标准化现状

1. 传统测绘标准化工作

1984 年，根据国家测绘局和国家科学技术委员会批复，正式成立国家测绘局西安标准化测绘研究所，标志着整个测绘标准化工作正式步入国家标准化轨道。在此期间测绘标准化工作一方面开展全国范围的测绘标准化工作调研，另一方面组织技术人员学习相关标准化工作规定，并严格按标准编写导则进行标准的制（修）订，对以前未能按规定程序制（修）订的标准均统一到编写导则上。20 世纪 90 年代，国家测绘局为了使测绘标准化工作更具有系统性，每项测绘标准的制定更科学、合理，符合国情，满足测绘生产需要，组织立项专门研究测绘标准体系。经广泛调研，收集信息和参考国外相关资料，最后制定出《测绘标准体系表》，分为“测绘行业通用标准”“测绘专业通用标准”“测绘专业专用标准”3层系列，共计254项标准，其中国家标准91项、专业标准163项。至此，经过以测绘标准化研究所为主的一大批测绘标准化工作者的不懈努力，我国测绘标准化工作形成了1∶500至1∶1000000比例尺系列，涉及地形图外业测图、航空摄影及摄影测量、地形图编绘、图式表达、成果检验、仪器设备、测绘管理等较为完备的、采用以解析测图为主的方式生产各种测绘成果的100余项传统测绘标准，亦即形成了一系列经典标准。这些标准经过几十年的不断完善，在我国测绘发展中发挥了不可替代的作用，直至今日，部分标准仍在沿用。

2. 数字化和信息化测绘标准化工作现状

进入数字化测绘时代以后，测绘科学技术发生了革命性的变化，测绘工具也从过去的手工、机械、光学，发展为依靠航测、遥感、激光、红外、电子等各种数字仪器设备，相应的测绘标准化工作也以此为主，测绘标准化研究所先后制定了基础地理信息要素分类与代码、基础地理信息要素数据字典、基础地理信息4D成果生产技术规程、数字航空摄影测量规范等一大批数字化测绘基础性和生产关键技术标准，并根据数字化测绘的特点及要求，主持修订了国家基本比例尺地图图式、水准测量规范、基础地理信息4D成果规范等标准，为20世纪末传统测绘向数字化测绘过渡发挥了标准的导向性、基础性保障作用。

进入21世纪，空间技术和信息技术等不断发展，国民经济和社会信息化进程不断加快，经济社会发展和人民生活对地理信息资源的需求迅速增长，面向全社会提供地理信息服务成为新时期测绘发展的主要任务，同时也标志着我国测绘现代化建设或测绘信息化发展进入了一个新的阶段，即从以地图生产为主向以地理信息服务为主转变的阶段。国家测绘局在《国家测绘局关于加快推进测绘信息化发展的若干意见》中明确提出“继续强化标准化工作”这一具体要求，并于2006年组建了国家测绘局测绘标准化工作委员会（简称“测标委”）指导和辅助国家测绘局开展标准化工作。在国家标准化管理委员会（简称“国家标准委”）及测标委的指导下，全国测绘标准化工作采用从较为封闭的由几个专职队伍开展标准制（修）订转向面向全国的开放式标准制（修）订的策略，鼓励高校、企事业单位、研究院所等积极参与标准制（修）订工作。与此同时，为更好地指导和统筹测绘标准的制（修）订工作，测绘标准化研究所经过对测绘标准体系的系统研究，制定了我国首部结构化、系统化和可扩充的《测绘标准体系》，首版于2009年5月印发实施，2017年再次修订。《测绘标准体系》共列入“定义与描述”“获取与处理”“检验与测试”“成果与服务”“管理”五大类32小类标准，每一小类中包含若干国家标准或行业标准，总计近400项。至此，测绘标准化工作步入体系化发展轨道。

（五）国家地理信息标准化现状

我国自20世纪80年代初期启动地理信息系统（Geographic Information System，GIS）的相关研究，与美国、加拿大等发达国家相比，我国GIS研究起步较晚，而且GIS软件的研发主要以科研院所和高等院校为主体。在早期，以地理信息为对象的GIS技术仅仅被应用于测绘和资源环境等专业领域，其他领域几乎没有涉及。到了20世纪90年代，随着信息技术和空间技术的飞速发展，以地理信息资源开发利用为核心的地理信息产业迅速兴起，成为世界发达国家纷纷发展的战略性新兴产业。

全国地理信息标准化技术委员会（SAC/TC 230）经国家标准委批准成立于1997年，是国内权威的GIS标准化组织。工作范围为地理信息领域的标准化，主要任务是负责地理信息领域国家标准的规划、协调和技术归口工作以及ISO/TC 211对口业务工作。为促进地理信息资源开发、共享、利用以及产业发展，SAC/TC 230于2009年组织编制并印发了《国家地理信息标准体系框架》。20世纪80年代，我国开始开展地理信息领域技术的研究与应用。据统计，截至2017年9月，由SAC/TC 230归口管理的地理信息领域现行国家标准共137项（已作废的不计算在内），其中有6项为强制性国家标准。

（六）林业标准化现状

新中国成立初期，林业标准作为农业标准化工作的一部分，随着林业在社会、经济中地位的变化，我国从中央到地方逐渐开始重视林业的发展，林业从隶属农业的位置中逐渐独立出来。据文献记载，我国最早的林业国家标准是《直接使用原木》（GB142—58）、《加工用原木》（GB143—58）、《原木检验规则》（GB144—58）等。林业标准化工作在经历50多年的发展后，我国林草标准化工作成效明显。包括：第一，林业标准化管理工作日趋完善。我国各级政府对林业标准化工作越来越重视，自1979年林业部科技司成立标准处以后，正式拉开了我国林业标准化工作的序幕。此后，先后不断出台相应的政策和法规来保证林业标准的制定及实施。2003年，国家林业与草原局发布实施《林业标准化管理办法》；2015年，出台了《关于进一步加强林业标准化工作的意见》，明确了林业标准化改革发展的目标原则，提出了加强标准化工作的重要举措；2019年，国家林业和草原局为加强国家林业和草原局专业标准化技术委员会（简称“林草专业标委会”）的建设和管理，发布了《国家林业和草原局专业标准化技术委员会管理办法》等。标准化技术组织方面，先后组建了28个全国和行业标准化技术委员会，覆盖木材、人造板、林业机械、林木种子、花卉、竹藤、森林认证、沙漠化防治、野生动植物保护、森林消防、经济林、林化产品、林业能源、湿地保护等领域，实现履行职能和主要业务全覆盖。第二，林业标准化工作成果显著。林草专业标委会体系不断健全，截至2020年，制定现行国家标准533项、行业标准1900余项和大量地方标准、区域性标准及团体标准、企业标准。为推动国家标准、行业标准、地方标准综合配套示范应用，建立了7个国家级标准化示范区、251个中央财政林业标准化示范基地，以推进林草标准化生产建设。同时，联合国家标准管理委员会认定191个国家林业标准化示范企业，引导企业经营者按标准组织生产、加工、销售和管理，人造板、绿色产品等系列标准得到广泛应用。第三，积极参与国际标准化工作。国际标准化组织（ISO）——竹藤技术委员会秘书处落户北京，实现了林业领域国际标准化组织秘书处在我国设立零的突破。推动竹藤、木材、人造板、林业机械、森林认证相关标准走出国门，牵头制定《竹地板》等九项国际标准。开展了林业标准国际化和标准外文版出版工作，目前正在积极开展ISO荒漠化防治技术委员会秘书处申请工作。

二、自然资源领域标准体系建设历史成果及借鉴

（一）我国自然资源领域现行标准体系概述

自然资源部成立之前，土地、地质、矿产、测绘、海洋、林业等相关领域的原主管部门根据各自工作需要，均形成了比较科学、合理的标准体系，主要包括《水利技术标准体系》（2014 年版）、《国土资源标准体系》（2016 年版）、《海洋标准体系》（2017 年版）、《国家地理信息标准体系》（2017 年版）、《测绘标准体系》（2017 年版）、《林业信息化标准体系》（2017 年版）、《自然资源调查监测标准体系（试行）》（2021 年 1 月 4 日）等，详见表 2－4。

表 2－4　国家自然资源相关标准体系

序号	标准体系	内容
1	《水利技术标准体系》（2014 年版）	采用专业门类和功能序列构成二维结构框架，其中，专业门类包括水文、水资源等 10 个类，功能序列包括综合、建设和管理，共有标准 912 项；采用专业门类分类可以解决分类尺度不同导致框架交叉重复的问题，采用功能序列符合工程全生命周期理念和管理模式，使标准体系覆盖更加全面，有利于指导水利工程建设活动的开展
2	《国土资源标准体系》（2016 年版）	国土资源标准体系框架按照“行业—专业—门类—细分门类—具体标准”进行划分，各子体系结构图统一显示三层，第四层为具体标准层。本标准体系共含四个专业子体系和 22 个门类子体系，其中四个专业子体系即国土资源综合标准子体系、土地标准子体系、地质标准子体系和矿产资源标准子体系，预留海洋标准子体系和测绘标准子体系接口。标准明细表收录国土资源标准 973 项（标准物质 208 项），其中现行有效标准 433 项（标准物质 184 项），制定中的标准 146 项（标准物质 11 项），待制定标准 394 项（标准物质 13 项）
3	《测绘标准体系》（2017 年版）	测绘标准体系从信息化测绘技术、事业转型升级和服务保障需求出发，兼顾现行测绘国家标准和行业标准情况，以测绘标准化对象为主体，按信息、技术和工程等多个视角对测绘标准进行分类和架构，共包含“定义与描述”“获取与处理”“成果”“应用服务”“检验与测试”和“管理”共六个专业、36 门类标准，每一个门类标准包含若干国家标准或行业标准，共计 400 余项，其中现行有效标准 256 项，制定中的标准 121 项；并前瞻性地提出了多个待制定的标准方向，约 137 项，六专业标准之间相互关联，从而构成一个覆盖整个测绘领域的结构化、系统性和可扩展的标准体系
4	《国家地理信息标准体系》（2017 年版）	国家地理信息标准体系由通用类、数据资源类、应用服务类、环境与工具类、管理类、专业类和专项类共七个专业、41 门类和其他相关标准组成，列入标准 282 项（不含相关标准）。从标准性质上分为三个层次，前五类标准为地理信息基础层（第一层）标准，支持专业层（第二层）和专项层（第三层）标准。与地理信息相关的专业类标准，是面向各专业领域对地理信息的需求，对地理信息基础类标准进行扩展和裁减，形成专业标准。地理信息专项标准是面向各类与地理信息相关国家重大战略、重大工程的需要，对基础类和专业类标准进行扩展和裁减，形成专项标准

续表

序号	标准体系	内容
5	《林业信息化标准体系》（2017 年版）	林业信息化标准体系分为三大层，即总体指导标准、通用标准和专用标准。总体指导标准指导整个林业信息化标准的制定，是通用标准和专用标准制定的依据。通用标准中的基础设施标准主要为应用系统、数据库建设等工作提供安全的运行环境；信息资源标准是对林业数据的描述、采集加工和信息产品进行标准化；应用服务标准主要对林业各类应用系统的建设及信息共享、业务协同等工作进行规范；管理类标准贯穿整个林业信息化建设工作，对基础设施、数据库、应用系统建设各方面进行规范管理。专用标准是根据专业领域特点，通过扩充、细化相应的通用标准而制定，仅适用于本专业领域信息化工作的标准。现行国家标准 514 项，国家标准计划 103 项；行业标准 1739 项，行业标准计划 1316 项，各省（区、市）根据地方林业发展，组织制定林业地方标准达 3000 余项。将标准划分为林业基础、森林培育与保护、湿地保护与修复、荒漠化防治、生物多样性保护、林业产业、行政管理与服务、其他等 8 个标准分体系，涵盖了除林业术语、林业基础建设标准外的林木种苗育种、营造林等 40 个标准子体系
6	《海洋标准体系》（2017 年版）	海洋标准体系总框架的划分以功能门类划分为主，以学科划分为辅，体现海洋行业的特色。为保障各领域标准体系的完整性，对于涉及多个领域的标准，以其主要对口领域标准体系为主，具有唯一的体系编号，在其他有关标准体系中作为相关标准进行引用。总框架和各业务领域框架均为三层：第一层为海洋；第二层分为海洋综合管理、海洋经济与资源开发利用、海洋公共服务、极地大洋事务四个方面；第三层即业务层，划分为 21 个领域，下设 310 个子框架，囊括 1459 项具体的国家标准和行业标准。 21 个领域标准体系包括：海洋规划、海洋执法、海洋权益维护、海岛保护与利用、海洋生态环境保护、海域综合管理、海洋安全监管、海洋经济管理、海洋可再生能源利用、海洋生物资源开发利用、海水淡化及综合利用、海洋仪器设备产品与检测、海洋资源开发与环境保护工程装备、海洋观测预报与防灾减灾、海洋信息化、海洋调查、海洋卫星和卫星海洋应用、海洋工程勘察与测绘、蓝碳、极地考察、深海大洋事务
7	《自然资源调查监测标准体系（试行）》（2021 年 1 月 4 日）	标准体系包括通用、调查、监测、分析评价、成果及应用五大类、22 小类。涵盖了当前自然资源调查监测标准化工作主要内容，包括未来三年内急需制定的国家和行业标准、标准化需求方向，以及部分已发布或正在制定的国家和行业标准，共计 79 项（系列）

总体而言，这些标准体系主要从工作职能出发，是围绕自然资源单一领域而制定的标准体系，没有体现标准体系的系统性、整体性，也割裂了自然资源的完整性。各体系内虽均对自然资源有所描述，但尚未建立针对自然资源的完整标准体系。同时，这些自然资源相关标准体系分别规定了原有各自业务范围内的标准体系框架，框架内各标准之间的关联性和逻辑性都是围绕原有业务独立开展的前提而形成的，任何一个专业标准体系尚无法完全满足自然资源统一管理工作的需要。具体分析来看，2014 年版《水利技术标准体系》采用二维结构框架，综合考虑水文水资源等专业门类和建设管理等功能序列，涵盖标准 912 条。2016 年版《国土资源标准体系》按照先行业，后专业，再门类，最后是具体标准的次序进行划分，子体系结构统一分为三层，第四层为具体标准。该标准体系共含四个

专业子体系和22个门类子体系，预留海洋标准子体系和测绘标准子体系接口。2017年版《海洋标准体系》以功能门类划分为主，以学科划分为辅，体现海洋行业的特色。总框架和各业务领域框架均为三层，涵盖310个子体系。2017版《测绘标准体系》以测绘标准化对象为主体，综合考虑信息、技术和工程等要素，共六大类、36小类，涵盖标准400余条。2017年版《国家地理信息标准体系》由通用类、应用服务类、管理类等共七大类、44小类和其他相关标准组成，涵盖标准282条。从标准性质上分为三个层次，前五类标准为地理信息基础层（第一层）标准，支持专业层（第二层）和专项层（第三层）标准。2017年版《林业信息化标准体系》分为三大层，即总体指导标准、通用标准和专用标准。

（二）原国土资源标准体系建设成果

从新中国成立以来，国土资源标准体系建设经历了从无到有，从粗到细，从地方标准、部颁标准到国家标准的发展历程，经历了以下六个发展阶段，完成了两次飞跃（图2-1）。

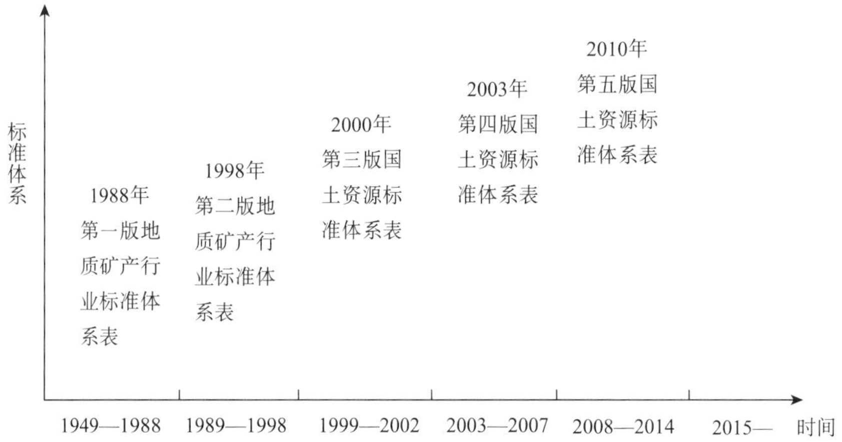

图2-1　国土资源标准体系建设进程

其中最新的《国土资源标准体系》（2016年版）（图2-2）共分成了四个子体系。一是国土资源综合标准子体系，包含了在国土资源范围内综合使用，具有广泛指导意义的标准，包括不动产登记、自然资源资产管理、国土空间规划、国土资源信息化等。二是土地标准子体系，包含了土地资源领域中需要协调统一的技术事项和管理事项所制定的标准，包括土地调查、评价、规划、利用、保护、整治、监测监管等。三是地质标准子体系，针对的是基础性、公益性的地质工作及相关的技术方法，包括区域地质调查、海洋地质调查、水工环灾地质、勘查技术方法、地质实验测试技术和地质资料管理与服务。四是矿产资源标准子体系，针对矿产资源领域中需要协调统一的技术事项和管理事项所制定的标准，包括矿产资源调查评价、矿产资源规划、矿产资源勘查及资源储量、矿产资源开发利用、矿山地质环境保护与治理。按照国家标准化改革方案中整合精简强制性标准，优化完善推荐性标准，推动向政府职责范围内的公益类标准转变，逐步缩减现有推荐性标准的数量的要求，结合国土资源标准化工作实际，本次国土资源标准体系收录以下标准：

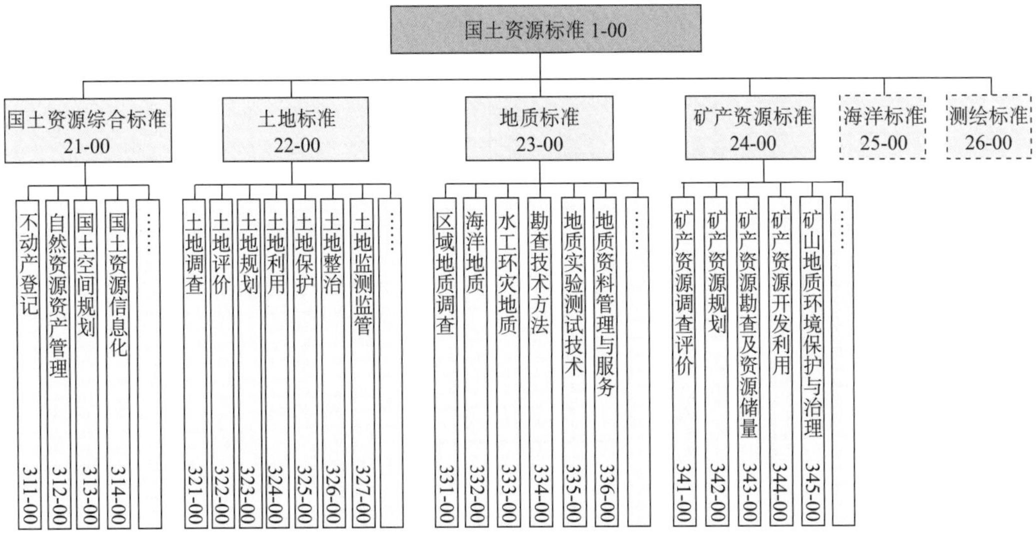

图 2－2　国土资源标准体系结构图

由原国土资源部归口管理的现行有效土地、地质、矿产国家标准；由原国土资源部归口管理的现行有效土地、地质、矿产行业标准；国土资源各领域需要开展制（修）订，五年内能完成的标准；国土资源各领域需要开展制（修）订，五年内启动制（修）订任务的标准；根据标准化改革精神，鼓励团体标准和地方标准有序发展，在保证标准基本供给的基础上为市场标准留出发展空间。其中，标准明细表收录国土资源标准 973 项（标准物质 208 项），其中现行有效标准 433 项（标准物质 184 项），制定中的标准 146 项（标准物质 11 项），待制定标准 394 项（标准物质 13 项）。

（三）测绘标准体系建设成果

现行测绘标准体系是在 2009 版《测绘标准体系》的基础上经进一步补充和完善形成的（图 2－3）。该体系由测绘标准体系框架和测绘标准体系表构成，从信息化测绘技术、事业转型升级和服务保障需求出发，兼顾现行测绘国家标准和行业标准情况，以测绘标准化对象为主体，按信息、技术和工程等多个视角对测绘标准进行分类和架构。《测绘标准体系》共收录了 377 项标准，其中现行有效标准 256 项，制定中的标准 121 项；并前瞻性地提出了多个待制定的标准方向，约 137 项。

（四）国家地理信息标准体系建设成果

现行国家地理信息标准体系是在 2007 年全国地理信息标准化技术委员会印发的《国家地理信息标准体系框架》的基础上经进一步补充和完善形成的。国家地理信息标准体系（图 2－4）由通用类、数据资源类、应用服务类、环境与工具类、管理类、专业类和专项类共七大类、44 小类和其他相关标准组成。从标准性质上分为三个层次，前五类标准为地理信息基础类（第一层）标准，支持专业类（第二层）和专项类（第三层）标准。与地理信息相关的专业类标准，是面向各专业领域对地理信息的需求，可以对地理信息基础类标准进行扩展和裁减，形成专业标准。地理信息专项标准是面向各类与地理信息相关专项工程的需要，可以对基础类和专业类标准进行扩展和裁减，形成专项标准。

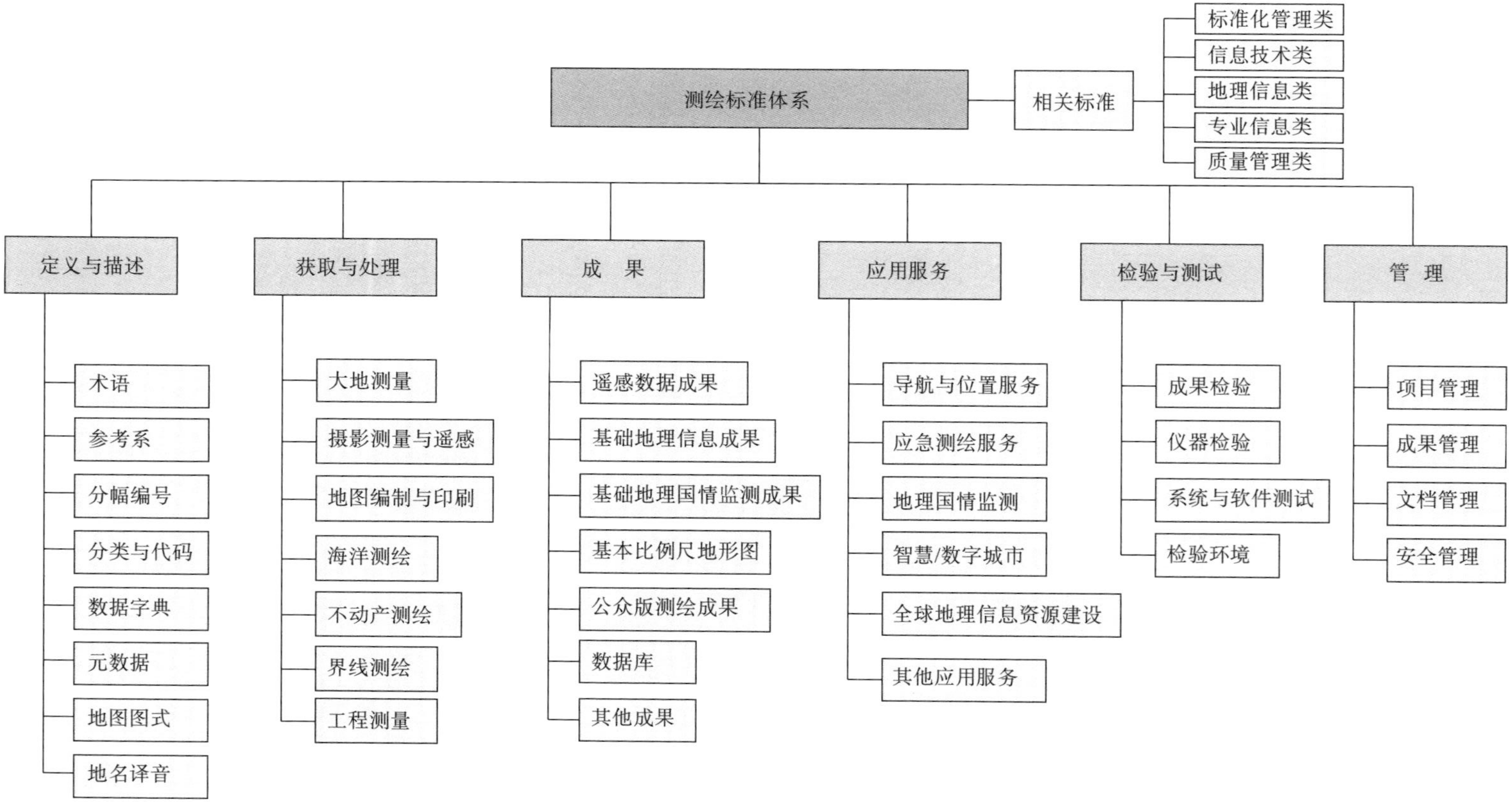

图 2－3　测绘标准体系（2017 版）

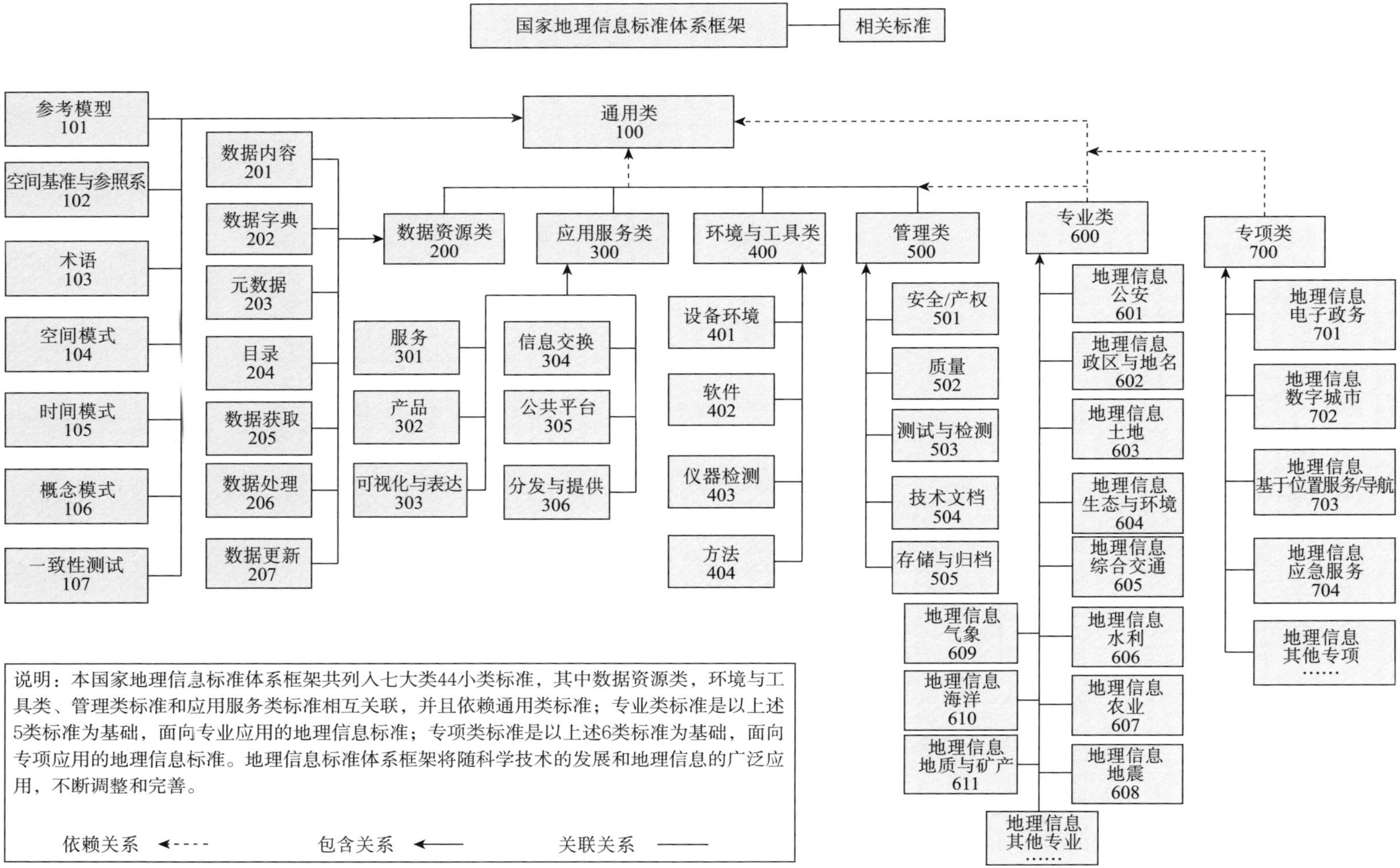

图 2－4　国家地理信息标准体系

（五）林业标准体系建设成果

2017 年，为了进一步落实国务院标准化工作改革及标准化体系建设的一系列要求，更好地为林业改革发展、林业产业、行政管理服务提供标准化支撑，围绕新常态下林业生态建设、产业转型升级和林业治理体系建设对标准化的需求，国家林业与草原局启动了《林业标准体系》（2017 版）的构建工作，尽管受行政体制改革影响，该版标准体系未能正式发布，但该体系研究内容对当时指导、规范、协调指导有关单位有计划、有步骤地开展林业标准化工作，为标准化工作规划、年度计划和项目管理提供了一定的参考依据。

自然资源部组建后，为深入贯彻实施新的《标准化法》和《深化标准化工作改革方案》，2019 年初国家林业和草原局科技司与 23 个司局和单位分批分次召开了六次林草标准化工作对接座谈会，全面推进林草标准化工作。其中优化完善林草领域标准体系是其中一项重要内容，会议要求各标准化技术委员会要研究建立标准体系，提出标准体系重要核心内容。“十四五”期间，国家林业和草原局提出了“加速构建标准体系，尽快补齐草原、国家公园、自然保护地标准内容，强化标准实施应用，提高标准管理水平，加强管理制度建设”的体系构建新目标。

三、国内标准化现行管理体制及运行机制概述

（一）国家标准管理机构设置

国家标准化管理委员会是国务院授权履行行政管理职能，统一管理全国标准化工作的主管机构。分析国家标准委职责定位，不难看出，“全国标准化”是国家层面宏观的标准化，是以“国家标准”为核心的标准化工作。行业标准化中只是起到协调和指导作用。

全国标准化技术委员会。根据《全国专业标准化技术委员会管理规定》，国家标准委统一规划、协调、组建和管理技术委员会。其中包括：协调和决定技术委员会的组建、换届、撤销等管理事项；监督检查技术委员会的工作；组织技术委员会相关人员的培训等。

国务院有关行政主管部门、具有行业管理职能的行业协会、集团公司受国家标准委委托，分工管理本部门、本行业的技术委员会。其中包括下列职责：组织或者参与本部门、本行业技术委员会的组建、换届和监督检查等工作；指导本部门、本行业技术委员会的国家标准立项、报批以及国际标准化等业务工作；协调本部门、本行业技术委员会的工作；推荐本部门、本行业专家参加技术委员会；定期向国家标准委报告本部门、本行业技术委员会的工作情况等。从职责分工上，国家标准委属于宏观层面的管理，具体全国标准化技术委员会管理工作大都由国务院有关行政主管部门受国家标准委委托分工管理。“国家统一管理，部门分工负责”是对全国标准化技术委员会管理机构的精辟总结。其特点是：政府主导，从其组建、换届、运行和监督，到标准立项、报批及国际标准化，再到协调，政府都具有重要的指导、管理和监督职能。

（二）新版《中华人民共和国标准化法》修订要点及意义

中华人民共和国标准化法及其配套相关法律法规发布实施后的近 30 年，我国经历了经济飞速发展的时期，同时国家标准化形势也发生了巨大变化。在标准化管理机构方面，于

2001 年成立了国家标准化管理委员会，强化了标准化的统一管理；在标准制（修）订方面，国家标准、行业标准和地方标准总数达到了 10 万项，覆盖了一、二、三产和社会事业各个领域；在国际标准化方面，我国相继成为国际标准化组织（ISO）、国际电工委员会（IEC）常任理事国及国际电信联盟（ITU）理事国，我国专家担任 ISO 主席、副主席、ITU 秘书长等一系列重要职务，中国在国际标准化工作中发挥着越来越重要的作用。而作为指导标准化工作的根本大法，始终没有修订，一定程度上难以满足现行标准化工作的需要。

2002 年国家质检总局和国家标准化管理委员会启动了《中华人民共和国标准化法》的修订工作，修法历时 15 年。特别是党的十八大后，随着国家行政体制改革的深化和深化标准化工作改革方案的发布，使得标准化法修订进程得以加快。2017 年 11 月 4 日第十二届全国人大常委会第三十次会议表决通过了新修订的《中华人民共和国标准化法》，并自 2018 年 1 月 1 日起施行。

新修订的标准化法共六个部分、45 条，增加了“监督管理”部分，有 16 项重大的制度设计。具体而言：

1）扩大了标准范围。将标准范围由工业领域扩大到农业、工业、服务业以及社会事业等领域需要统一的技术要求。

2）建立标准化协调机制。将标准化协调机制制度化、法制化，规定国务院建立标准化协调机制，设区的市以上地方人民政府可以根据工作需要建立标准化协调机制，统筹标准化工作重大事项。

3）鼓励积极参与国际标准化活动。

4）明确了标准化奖励制度。

5）加强强制性标准的统一管理。

6）赋予设区的市标准制定权。

7）对标准化技术委员会的定位提出明确要求。

8）对标准制（修）订程序和标准内容提出了明确要求。

9）明确强制性标准应当免费向社会公开。

10）赋予团体标准法律地位。规定国家鼓励学会、协会、商会、联合会、产业技术联盟等社会团体协调相关市场主体共同制定满足市场和创新需要的团体标准，增加标准有效供给。

11）建立企业标准自我声明公开和监督制度。

12）促进标准化的军民融合。

13）增设标准实施后评估制度。要求国务院标准化行政主管部门和国务院有关行政主管部门、设区的市级以上人民政府标准化行政主管部门应当建立标准实施信息反馈和评估机制，根据反馈和评估情况对其制定的标准进行复审。

14）建立标准化试点示范制度。规定县级以上人民政府应当支持开展标准化试点示范和宣传工作，传播标准化理念，推广标准化经验，推动全社会运用标准化方式组织生产、经营、管理和服务，发挥标准对促进转型升级、引领创新驱动的支撑作用。

15）强化标准化工作监督管理。

16）加大违法行为的处罚力度。

本次修订意义重大。第一，立足现状，解决问题。本次修订在兼顾现行国家行政管理体制、明确各类标准化工作主体地位的基础上，针对标准化工作中存在的政府与市场角色错位、市场主体活力未能充分发挥、标准体系不完善、标准化协调推进机制不完善、管理体制不顺畅等突出问题，查找深层次原因，提出了切实可行的制度性解决方案。第二，与时俱进，落实改革要求。修订内容与《深化标准化工作改革方案》相衔接，将改革的各项措施以法律条文的形式固化下来，确保了今后标准化改革的各项措施有法可依。第三，有利于促进我国经济社会的高质量发展。修订后的标准化法对标准范围、结构、程序和内容都作出了明确规定。在范围上，从工业扩展到一、二、三产和社会事业各个领域，能更好地发挥标准化在国家治理体系和治理能力现代化建设中的作用；在标准结构上，明确了团体标准的法律地位，建立了企业标准的公开和监督制度，更好地发挥市场主体活力，增加标准有效供给；在标准程序和内容上的明确要求，有利于提高标准水平，更好地发挥标准在科学合理利用资源、新技术新产品推广、新产业新动能发展中的引领和支撑作用。

四、国内自然资源领域标准化管理体制机制

（一）国家自然资源标准化工作的顶层设计

党中央和国务院高度重视标准化工作，将积极实施标准化战略，以标准助力创新发展、协调发展、绿色发展、开放发展、共享发展。以高标准助力高技术创新、促进高水平开放、引领高质量发展。十八届二中全会提出“加强技术标准体系建设”，三中全会提出“政府要加强发展战略、规划、政策、标准等制定和实施”，四中全会提出“把标准作为依法治国的重要手段”，五中全会的五大发展理念都提出了标准化建设的明确要求。2015年3月，国务院印发的《深化标准化工作改革方案》（国发〔2015〕13号）明确要求“着力解决标准体系不完善，更好发挥标准化在推进国家治理体系和治理能力现代化中的基础性、战略性作用”。2015年12月，发布实施的《国家标准化体系建设发展规划（2016—2020年）》（国办发〔2015〕89号）中又提出“把政府单一供给的现行标准体系，转变为由政府主导制定的标准和市场自主制定的标准共同构成的新型标准体系。”2017年修订后的《中华人民共和国标准化法》规定我国标准化工作实行“统一管理、分工负责”的管理体制。政府标准化行政主管部门对标准化工作进行统一管理。政府有关行政主管部门根据职责分工，负责本部门、本行业的标准化工作。根据中共中央印发的《深化党和国家机构改革方案》职责安排，自然资源部将统一管理国土、地质、矿产、海洋、测绘、林业、草原、水资源等自然资源相关业务的标准化工作。

2021年10月10日，中共中央、国务院印发了《国家标准化发展纲要》，作为指导中国标准化中长期发展的纲领性文件，对我国标准化事业发展具有里程碑意义。总体而言，改革开放以来特别是党的十八大以来，在党中央、国务院的坚强领导下，标准化战线员工凝心聚力、攻坚克难，不断深化标准化改革，推动标准化发展，取得了积极成效。标准化法制体系不断健全，标准数量和质量大幅提升，标准体系日臻完善，标准化管理体制机制更加顺畅，标准化人才队伍不断壮大，全社会标准化意识显著提升。具体来看，在标准化政策法规方面，我国相继颁布实施了《标准化法》《标准化工作改革方案》《标准化体系建设规划》等一系列法规、制度和措施。在标准化工作机制方面，国务院建立了标准化部际联席会议制度，各省（区、市）政府也相继建立了标准化工作协调推进机制。在标

准体系建设方面，探索建立了政府主导制定与市场自主制定相协同的新型标准体系，强制性标准守安全底线，推荐性标准提质量高线，企业和团体标准放开搞活。在标准供给方面，我国已发布国家标准4万多项、行业标准7.6万多项、地方标准5.3万多项，团体标准近3万项，自我声明公开的企业标准超过200多万项。在专业技术组织建设方面，建立了1300多个全国标准化专业技术委员会，注册委员专家超过5万名。在国际标准化工作方面，我们与55个国家和区域标准化机构、国际组织签署了98份标准化合作文件，中国专家担任ISO、IEC技术机构主席、副主席77个，承担技术机构秘书处79个。

国家自然资源相关部门“十三五”以来开展了大量自然资源标准化工作。2016年5月，国土资源部办公厅发布2016年版《国土资源标准体系》，2017年3月印发《国土资源部深化标准化工作改革实施方案》。2016年10月，国家海洋局和国家标准化管理委员会联合印发《全国海洋标准化“十三五”发展规划》。2016年11月，国家测绘地理信息局发布《测绘地理信息标准化“十三五”规划》，2017年9月发布《测绘标准体系》（2017修订版）。2019年11月，自然资源部印发《自然资源部信息化建设总体方案》，要求标准先行，强化信息化标准制定与推广，开展自然资源信息化标准服务。2020年1月，自然资源部印发《自然资源调查监测体系构建总体方案》，要求构建自然资源调查监测标准体系，制定自然资源分类、地表覆盖分类、自然资源调查监测分析评价等标准。2020年2月，自然资源部发布《自然资源确权登记操作指南（试行）》，推进自然资源确权登记法治化、规范化、标准化和信息化，明确技术标准和操作要求。2020年6月24日，自然资源部印发《自然资源标准化管理办法》，全文共31条，分为总则、组织机构与职责分工、标准计划、制（修）订和审批发布、标准实施监督与复审、标准化对外合作交流等六个版块，对自然资源标准化工作的全流程进行规范，要求加强自然资源调查、监测、评价评估、确权登记、保护、资产管理和合理开发利用、国土空间规划、用途管制、生态修复、地质防灾减灾等业务，以及土地、地质矿产、海洋、测绘地理信息等领域的标准化工作，明确了自然资源标准化工作的任务和范围，理顺了工作运行机制，优化了标准制（修）订流程，厘清了标准化各参与方的工作职责和范围，强化了标准质量和标准实施监督责任，旨在全面提升标准化水平，以高标准推动高质量发展。自然资源部发布的自然资源现行标准目录显示，截至2021年1月，我国自然资源各领域现行国家标准和行业标准，包括土地、地矿、海洋、测绘共1277项（国家标准490项、行业标准787项）。研究发现，该标准目录并没有将林业、水利、水文、湿地等自然资源相关标准全部纳入，以技术标准为主，涉及自然资源管理相关的标准较少。

（二）国内自然资源领域标准化体制机制

2018年自然资源部组建后，国家授权自然资源部统一管理整合后的国土资源、海洋、测绘及国家地理信息领域的标准化工作，从管理体制上，自然资源标准化管理属于政府主导型，呈现跨行业管理的特点。

在规章制度方面，自自然资源部组建以来，制定了《自然资源标准化管理办法》，管理的四个标准化技术委员会根据改革需要也都先后更新了各自标准化技术委员会工作章程，有的还随即完善了秘书处工作细则，基本确定了自然资源标准化工作的管理机制、工作程序和组织保障。通过发布各年度标准制（修）订计划，全面指导各专业领域标准制（修）订工作。

自然资源标准化技术项目组织是包括全国自然资源与国土空间规划标准化技术委员会（SAC/TC 93）、全国海洋标准化技术委员会（SAC/TC 283）、全国地理信息标准化技术委员会（SAC/TC 230）及全国珠宝玉石标准化技术委员会（SAC/TC 298）四个专业标准化技术委员会。其中 SAC/TC 93 负责地质矿产、水工环灾、国土空间规划、自然资源调查、土地资源等领域的标准化工作，下设 8 个分技术委员会，覆盖了自然资源调查、监测、评价评估、确权登记、保护、资产管理和合理开发利用全流程，涉及国土空间规划、用途管制、生态修复全链条，涵盖地灾防治、勘查技术与实验测试等多个专业领域，应用于管理、技术和服务各个方面，是自然资源领域非常重要的标准化技术力量，发挥着“中流砥柱”的支撑作用。SAC/TC 230 负责地理信息领域的标准化技术归口工作，标准化技术委员会下设信息化、测绘和卫星应用三个专业标准化分技术委员会。工作范围主要负责自然资源领域信息化、测绘地理信息、卫星应用等领域国家标准和行业标准的制（修）订工作。

对于标准化服务方面，开通运行了自然资源标准化信息服务平台（NRS），实现了自然资源标准立项、起草、征求意见、审查、报批等全流程的在线管理。

（三）国内自然资源领域标准化管理的组织机构

现行管理体制下，2020 年 7 月自然资源部颁布实施的《自然资源标准化管理办法》中对自然资源标准化管理体制及运行机制都作出了明确规定。

1. 自然资源部科技发展司主管标准化业务

自然资源部科技发展司归口管理自然资源标准化工作，主要职责为：①根据国家标准化工作的法律、法规和方针、政策，起草具体实施办法；组织建立完善自然资源标准体系。②组织制定、实施自然资源标准化工作发展规划与年度计划；对自然资源行业标准实行统一计划、统一审查、统一批准、统一编号和发布，负责行业标准的备案工作。③统一组织协调自然资源标准的宣传、贯彻、培训和监督检查工作。④指导各省（区、市）自然资源行政主管部门的标准化工作。

2. 自然资源部各业务主管司局职责

自然资源部各业务主管司局的主要职责是：①组织拟订相关国家标准和行业标准；②组织开展相关国土资源标准的宣传、贯彻、培训及监督检查工作。

3. 自然资源标准化工作管理委员会职责

四个专业标准化技术委员会之上专门设立了自然资源标准化工作管理委员会，负责统筹管理自然资源标准化工作。委员会主任由分管部领导担任，成员由部相关业务司局和标准化业务依托单位组成。委员会主要职责是：审议部标准化工作规划、计划及标准体系；协调标准化工作重大争议问题；监督标准化技术委员会及其依托单位的履职情况；指导自然资源地方标准化和团体标准化工作。

4. 各专业领域标准化技术委员会职责

按照专业领域设立自然资源与国土空间规划、海洋、地理信息、珠宝玉石等有关全国标准化技术委员会（简称“标委会”）。标委会在管理委员会指导下，建立完善管理制度；开展标准化基础研究；提出本领域标准制（修）订建议；组织开展标准的起草、征求意见、技术审查等工作；开展标准化业务培训、标准宣传、贯彻和标准实施情况的评估、研究分析；标准复审；开展相关标准国际化研究；管理其下设的专业标准化分技术委员会业务工作；承担管理委员会交办的其他工作任务。技术委员会按专业领域划分并设立若干专业标准化分技术委员会（简称“分技术委员会”），分别承担本专业领域内的技术委员会工作。分技术委员会秘书处挂靠在有关直属单位。有关直属单位作为专业技术归口单位为秘书处提供必要的工作条件。专业技术归口单位的主要职责是：承担分技术委员会秘书处的日常工作；承担本专业标准的制（修）订及标准草案的技术指导和审查工作；为技术委员会提供专业技术支撑。

5. 自然资源领域行业标准制（修）订程序

自然资源领域行业标准的制（修）订程序沿袭了国家标准制定程序，分为六个大阶段：立项、起草、征求意见、审查、报批、实施。上述的各阶段围绕标准从立项（产生）到复审（消亡）的整个过程有机地结合在一起形成了一套有机的整体（图2－5）。

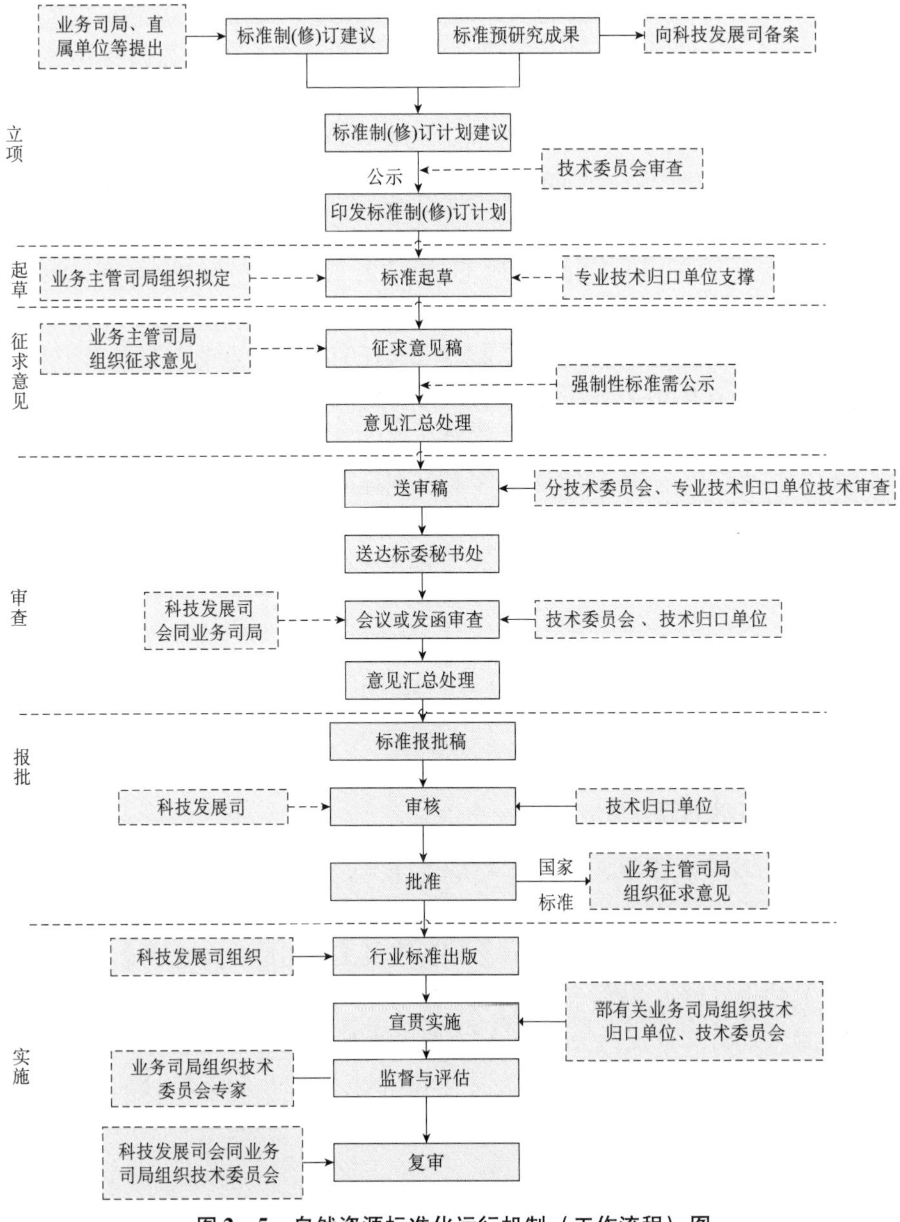

图2－5　自然资源标准化运行机制（工作流程）图

第三章　山东省自然资源禀赋特点及标准化探索

山东省位于中国东部沿海、黄河下游，北纬34°22.9′—38°24.01′，东经114°47.5′—122°42.3′之间。境域包括山东半岛和内陆两部分，山东半岛突出于渤海、黄海之中，同辽东半岛遥相对峙；内陆部分自北而南与河北、河南、安徽、江苏四省接壤。山东省“山水林田湖”自然禀赋得天独厚，山地面积22726.80平方千米，占全省面积的14.59%；水面面积6988.92平方千米，占全省面积的4.49%；林地面积24894.46平方千米，占全省面积的15.98%；种植土地面积83845.42平方千米，占全省面积的53.82%；湖泊面积1348.55平方千米，占全省面积的0.87%。另据山东省第三次国土调查数据，全省耕地9692.80万亩❶，园地1893.56万亩，林地3908.02万亩，草地352.83万亩，湿地369.37万亩，城镇村及工矿用地4209.72万亩，交通运输用地669.61万亩，水域及水利设施用地1988.03万亩，全面查清了以2019年12月31日为标准时点的山东省国土利用状况。但因人口众多，人均资源量较少，限制了区域经济的可持续发展。山东省是国家标准化综合改革试点省份，省委、省政府提出要把标准化摆在经济社会发展的突出位置，作为推动产业转型升级和提升社会治理水平的政策工具，把标准化提升到了基础性、全局性、战略性、引领性的地位，作为加快新旧动能转换、建设海洋强省、打造乡村振兴的齐鲁样板等国家发展战略的战略支撑，山东省针对自然资源标准化建设工作开展了一系列积极的实践探索。

第一节　山东省自然资源禀赋特点

一、土地资源及特点

山东省东西长721.03千米，南北长437.28千米，全省土地面积15.67万平方千米，约占全国土地总面积的1.6%，是全国农业发达的省份之一。山东省土地利用类型按一级分类共有耕地、园地、林地、牧草地、城乡居民点及工矿用地、交通用地、水域、未利用土地八大类，其特点是垦殖率高，后备资源少。加之人口众多，以2019年末人口数量为基准，全省土地人均占有量仅约为1.55平方米，人地矛盾非常突出。因受生物、气候、地域等因素影响，山东省土壤呈多样化，共有15个土类、36个亚类、85个土属、257个土种，适宜于农田和园地的土壤主要有潮土、棕壤、褐土、砂姜黑土、水稻土、粗骨土六

❶ 1亩=666.$\dot{6}$平方米。

个土类的15个亚类，其中尤以潮土、棕壤和褐土的面积较大，分别占耕地的48%、24%和19%。鲁西北和鲁西南地区土地类型以河流冲积平原为主，鲁中南和鲁东地区以山地丘陵和山前山间盆地为主，人均占有量总体上呈现北多南少的格局。

二、矿产资源及特点

截至2010年底，山东省已发现矿产150种（贝壳砂、球石、彩石不在全国统计范围内），查明资源储量的有81种，其中石油、天然气、煤炭、地热等能源矿产七种，金、铁、铜、铝、锌等金属矿产25种，石墨、石膏、滑石、金刚石、蓝宝石等非金属矿产46种，地下水、矿泉水等水气矿产三种。查明资源储量的矿产地有2560处（不含共伴生矿产地数）。山东省查明的矿产资源储量较丰富，资源储量在全国占有重要地位。列全国前五位的有44种，列全国前10位的69种，以非金属矿产居多。国民经济赖以发展的15种支柱性矿产山东省均有查明资源储量，其中石油、铁、铝、金、钾盐、盐矿、石灰岩等矿产保有资源储量居全国前10位。据2010年底全国保有资源总量统计，山东省列全国第一位的矿产资源有金、铪、自然硫、石膏等11种；列全国第二位的有菱镁矿、金刚石等10种；列第三位的有石油、钴、锆等10种；列第四位的有耐火黏土、滑石、明矾石等五种；列第五位的有油页岩、铁矿等八种；列第六位的有重晶石、钾盐等六种；列第七位的有铝土矿、红柱石等八种；列第八位的有盐矿、长石等五种；列第九位的有方解石、石棉等五种；列第10位的有煤一种。金矿是山东省的优势资源，探明储量、保有储量和产量均居全国首位，而且具有极大的资源潜力。银矿除少数外，主要伴生在金矿中，也具有可观的储量。山东省贵金属资源合理、快速、可持续的开发，对缓解我国贵金属矿产供需之间的矛盾，满足21世纪我国对金银矿资源的储量要求，带动山东省经济高质量发展具有深远而重大的意义。

三、生物资源及特点

山东境内有各种植物3100余种，其中野生经济植物645种。树木600多种，分属74种209属，以北温带针、阔叶树种为主。各种果树90种，分属16科34属，山东因此被称为“北方落叶果树的王国”。中药材800多种，其中植物类700多种。山东是全国粮食作物和经济作物重点产区，素有“粮棉油之库，水果水产之乡”之称，小麦、玉米、地瓜、大豆、谷子、高粱、棉花、花生、烤烟、麻类产量都很大，在全国占有重要地位。陆栖野生脊椎动物500种，其中，兽类73种，鸟类406种（含亚种），爬行类28种，两栖类10种。陆栖无脊椎动物特别是昆虫，种类繁多，居全国同类物种之首。在山东境内的动物中，属国家一、二类保护的珍稀动物有71种，其中国家一类保护动物有16种。

四、海洋资源及特点

山东省拥有约15.86万平方千米总海域面积和总长3505千米的海岸线，近海海域占渤海和黄海总面积的37%，滩涂面积占全国滩涂面积的15%。近海栖息和洄游的鱼虾类达260多种，主要经济鱼类有40多种，经济价值较高、有一定产量的虾蟹类近20种，浅海滩涂贝类在百种以上，经济价值较高的有20多种。其中，对虾、扇贝、鲍鱼、刺参、海胆等海珍品的产量均居全国首位。有藻类131种，经济价值较高的有近50种，其中，海带、裙带菜、石花菜为重要的养殖品种。山东是全国四大海盐产地之一，丰富的地下卤水资源为山东盐业、盐化工业的发展提供了得天独厚的条件。此外，山东还有可供养殖的内陆水域面积26.7万公顷，淡水植物40多种，淡水鱼虾类70多种，其中主要经济鱼虾类20多种。

五、水资源及特点

山东分属于黄、淮、海三大流域。根据山东1956—2000年实测资料分析，山东省多年平均年降水量为679.5毫米，多年平均水资源总量为303.07亿立方米，其中地表水资源量为198.3亿立方米，多年平均地下水资源量为165.4亿立方米（地表水、地下水重复计算量59.8亿立方米）。黄河水是山东省主要可以利用的客水资源，每年进入山东省的水量为359.5亿立方米，按国务院办公厅批复的黄河分水方案，一般来水年份山东省可引用黄河水70亿立方米。长江水是南水北调东线工程建成后山东省可以利用的另一主要客水资源。根据南水北调水资源规划，山东省一期将引江水14.67亿立方米，二期引江水34.52亿立方米。山东省水资源的主要特点是：水资源总量不足；人均、亩均占有量少；水资源地区分布不均匀；年际年内变化剧烈；地表水和地下水联系密切等。山东省水资源总量仅占全国水资源总量的1.09%，人均水资源占有量为334立方米，仅为全国人均占有量的14.9%（小于1/6），为世界人均占有量的4.0%（1/25），位居全国各省（区、市）倒数第三位，远远小于国际公认的维持一个地区经济社会发展所必需的1000立方米的临界值，属于人均占有量小于500立方米的严重缺水地区。

第二节　山东省自然资源标准化发展历程

历年来，山东省高度重视自然资源标准化工作。根据国务院批复，山东省于2018年启动国家标准化综合改革试点建设工作，近年来较好地完成了国家标准化综合改革任务，初步形成了政府依标治理、企业对标创新、产业达标升级、市场亮标发展的标准化新局面，并在全面总结山东省近年标准化改革经验和成效的基础上，推动出台的《山东省标准化条例》也于2020年8月1日实施，规定了要“完善与法律、法规、规章相配套的标准制度体系”，创新了地方标准管理的各项制度，确立了山东省地方标准的管理机制，明确了标准化部门和各部门在地方标准工作中的责任和权利义务。

一、自然资源标准化组织机构成长历程

近六年，山东省自然资源标准化组织机构茁壮成长。2018年6月6日，《山东省质监局关于批准筹建山东省国土资源标准化技术委员会的通知》（鲁质监标字〔2018〕157号）发布，山东省地质环境监测总站经过两个月的精心准备，8月14日，山东省质监局又以“鲁质监标字〔2018〕248号”文下达了《山东省质量技术监督局关于批准成立山东省国土资源标准化技术委员会的通知》。同年10月31日，山东省国土资源标准化技术委员会第一次工作会议在济南召开，为山东省国土资源标准化技术委员会揭牌，会议宣读了《山东省质量技术监督局关于批准成立山东省国土资源标准化技术委员会的通知》（鲁质监标字〔2018〕248号），明确山东省国土资源标准化技术委员会为山东省自然资源厅

（简称“省厅”）管理的非法人技术组织，主要负责山东省国土资源领域标准的制定、修订等工作，其秘书处设在山东省地质环境监测总站；审议通过了《山东省国土资源标准化技术委员会章程》《山东省国土资源标准化技术委员会秘书处工作细则》，讨论通过了《山东省国土资源标准化技术委员会工作计划》，并为标准化委员会委员颁发了证书。

2019 年 8 月，为贯彻落实国务院、省政府和自然资源部关于深化标准化工作改革的意见，规范全省自然资源标准化制定工作，提高自然资源领域标准制（修）订的质量和效率，发挥标准化对全省自然资源事业发展和全省新旧动能转换重大工程的支撑保障作用，根据《山东省专业标准化技术委员会管理办法》的有关规定，结合省厅职能，在山东省国土资源标准化技术委员会基础上，省厅整合原国土、林业标准化技术委员会职责，提出了筹建“山东省自然资源标准化技术委员会”（简称“省标委会”）的申请。省标委会负责的专业领域涵盖全省土地、矿产、测绘地理信息及林业，主要包括五大类：一是水文地质工程地质环境地质类（简称“水工环”）专业，含水文地质、工程地质和环境地质；二是地质矿产类，含区域地质、矿产地质、地质勘查技术、地质矿产实验测试、矿产资源储量及矿产资源节约集约利用等；三是国土调查保护与空间规划类，含国土空间规划、调查、监测、评价、综合整治，自然资源确权登记、调查，土地保护及土地利用、节约、监测等；四是测绘地理信息与自然资源信息化类；五是林草类，含林业生态保护与森林资源培育等。事业单位机构改革完成后，根据省厅职能，省标委会下设地质矿产、水工环、国土调查保护与空间规划、测绘地理信息和自然资源信息化、林业五家专业标准化分技术委员会（简称“分委会”），将林草、空间规划标准化职能纳入其中，构建了统一的省自然资源标准化组织体系，由省厅分管领导担任省标委会主任委员，形成了省厅科技与国际合作处牵头负责，业务处室配合，省标委会及其分委会技术力量支撑的体制机制。同年 11 月 7 日，在泰安召开省标委会成立大会和第一次委员会议，并为省标委会揭牌，为委员颁发聘书，开展集中培训，统一部署下一步标准化工作，也标志着省标委会及其 5 家分委会正式成立运行。

2021 年 12 月 17 日，省标委会在齐河组织召开了 2021 年度山东省自然资源标准化总结大会暨标准化业务培训会。会议全面总结了 2021 年度工作，研究部署了 2022 年重点任务，发布了“山东省自然资源标准体系建设”课题研究成果（该成果构建了基础标准层—子体系标准层—专业门类标准层—细分门类标准层四个层级的标准体系，包括地质矿产、水工环、国土调查保护与空间规划、测绘地理信息与自然资源信息化和林草等五大领域，共收录国家标准、行业标准、地方标准和团体标准 2175 项。该成果的发布，为我省自然资源标准制（修）订中长期规划和年度计划编制提供了重要依据），并邀请了山东省国家标准评审中心、山东省标准化研究院专家开展标准化业务培训。

迄今，经过自 2018 年山东省自然资源标准化工作全面启动以来近六年的正常运转，省标委会及其各分委会深入学习贯彻党中央、国务院、自然资源部、省委和省政府关于标准化工作的重要精神和决策部署，以标准技术体系和组织体系建设为重点，敢为人先、锐意进取、攻坚克难，逐年制定并认真落实年度标准化工作计划，省自然资源标准化发展呈现良好态势，不仅组织体系更加完善，而且标准全链条管理也得以全面实施，还研制出了一批自然资源事业发展亟须的高质量标准，为今后标准化工作持续发力加快发展奠定了坚实基础。

二、自然资源标准化年度工作开展情况

2019 年，省厅自然资源标准化年度工作主要包括：一是构建完善山东省自然资源标准组织体系，加强省标委会及其秘书处的自身建设；二是着力打造具有山东特色的自然资源标准体系，完成自然资源管理工作亟须的地方标准编制工作；三是积极开展重要标准制（修）订工作；四是确保重点标准实施推进；五是高度重视标准化人才培养；六是加强标准化支撑能力建设。

2020 年省厅自然资源标准化工作全面发力，一是加强省标委会及其各分委会的自身建设，完善机构，有效运转，在规范业务流程和科学界定职责的基础上，疏通了经费渠道，实现了省厅标准化经费全额预算保障；二是抓好自然资源标准制（修）订工作，全年申报立项地方标准 34 项、行业标准 4 项，批准立项地方标准 16 项，形成 33 项地方标准报批稿和 75 项地方标准送审稿；三是首次开展重要标准实施效果评估工作，会同山东省市场监管局、省生态环境厅、省能源局联合印发《关于开展重点行业部分标准实施效果评估工作的通知》（鲁市监标字〔2020〕184 号），完成了国家强制标准《地震勘探爆炸安全规程》（GB 12950—1991）和地方标准《盐碱地造林技术规程》（DB37/T 2960—2017）的评估；四是首次开展地方标准复审工作，对现行有效且实施五年以上的 52 项省自然资源领域地方标准组织开展集中复审，确定复审结果，其中继续有效 3 项，修订 33 项，废止 16 项；五是首次开展绿色矿山建设系列地方标准线上集中宣贯活动；六是开展山东省自然资源标准体系课题研究，明确了今后一个时期标准化工作发展方向和路径；七是启动省厅标准库建设；八是推进山东省山水林田湖草生态保护修复标准体系建设工作。

2021 年，山东省自然资源标准化工作全面部署、全面发力，建立了山东省自然资源标准技术体系，探索了新时代自然资源标准化建设的形势、需求和发展方向。一是加强省标委会及其各分委会的自身建设，委员单位结构更加合理、全面，标准化全链条管理机制开始运转，省厅标准化经费全额预算保障，在组织架构和经费预算方面形成了成熟的体制机制。二是抓好自然资源标准制（修）订工作。2021 年申报立项地方标准 69 项，批准立项地方标准 23 项；形成 24 项地方标准报批稿；发布实施地方标准 22 项。三是全面开展地方标准全链条管理工作，根据省标委会章程从研究、立项、审查、发布到宣贯、评估、复审等工作分别由省标委会及其各分委会作为年度工作落实实施。四是首次开展标准化试点项目，2021 年标准化试点项目成为“山东标准”建设项目的一类，以深化标准化理念、应用标准化方法、完善标准化机制、创新标准化模式、推广标准化经验为主要任务。省厅根据现实工作需求，部署开展了山东省林草团体标准试点、地勘实验室安全管理标准化试点、绿色矿山建设试点（金矿、煤矿）等工作任务。五是山东省自然资源标准体系课题研究进入收尾阶段，子课题完成成果验收，形成了山东省自然资源标准体系框架，通过形势分析、问题研究、需求调研，明确了今后一个时期标准化工作的发展方向和路径。六是推进山东省山水林田湖草生态保护修复标准体系建设工作，《山水林田湖草生态保护修复实施导则》进入审查程序，初步形成山东省山水林田湖草生态保护修复体系框架。七是探索山东省厅标准库建设，推进上线运行。八是在标准先进引领方面，据统计，目前山东省参与制定了自然资源国家标准 26 项，行业标准 42 项，其中主导制定《植物新品种特异性、一致性、稳定性测试指南 石榴属》（GB/T 35566—2017）以及金矿石、钛铁矿、锌

矿石物相分析国家二级标准物质（GBW070236—070241）标准16项，主导制定了赤松育苗技术、榉树大苗培育技术、果桑栽培技术、白蜡造林技术等20项林业行业标准。标准对引领和服务行业市场有较强的支撑能力，自然资源标准化技术水平全国领先。

从2021年起，围绕贯彻实施《国家标准化发展纲要》，山东省标准化工作重点将由综合改革转向创新发展。充分发挥标准作为战略性创新资源的作用，推进科技创新的标准转化，以标准搭建创新成果与产业、市场之间的桥梁，建立健全标准化与发展规划同步推进的机制，推动经济建设与社会进步的协调发展。“十四五”期间山东省标准化工作主攻方向将围绕“制度创新、机制创新、能力创新、平台创新、要素创新、项目创新”等方面创新发展，着力推动标准资源质量不断提升、标准化能力水平不断提高。

第三节　山东省自然资源标准化实践探索

依托全国标准信息服务平台、山东省标准馆提供的数据，结合检索和梳理相关省市自然资源门户网站、标准化行业主管部门门户网站相关标准资源信息，选取部分一线城市以及和山东省自然资源相似的省市调研其自然资源地方标准建设现状。

一、山东省地方标准建设现状

在山水林田湖草等所有资源要素管理整合到自然资源部门之后，山东省特别将海洋局作为省政府部门的一个管理机构（表3－1）。

表3－1　沿海典型省份涉海部门分布情况

涉海部门＼省份	广东省	江苏省	浙江省	山东省
自然资源厅	1. 国土空间用途管制处； 2. 国土空间生态修复处； 3. 地质与海洋勘查防灾处； 4. 海洋规划与经济处； 5. 海域海岛管理处	1. 国土空间用途管制处； 2. 国土空间生态修复处； 3. 海洋规划与经济处； 4. 海域海岛管理处； 5. 海洋预警监测处	1. 国土空间规划局； 2. 国土空间用途管制处（挂行政审批处牌子）； 3. 国土空间生态修复处； 4. 海域海岛管理处（挂省海岸线管理办公室牌子）； 5. 海洋预警预报处	1. 国土空间用途管制处； 2. 国土空间生态修复处（挂省绿化委员会办公室牌子）
生态环境厅	1. 海洋生态环境处； 2. 自然生态保护处； 3. 生态环境监测处； 4. 生态环境监察综合处、一处、二处； 5. 生态环境执法监督处	1. 自然生态保护处； 2. 海洋生态环境处； 3. 生态环境监测处； 4. 生态环境执法监督局； 5. 第一、第二、第三、第四、第五环境监察专员办公室	1. 自然生态保护处； 2. 海洋生态环境处； 3. 生态环境监测与信息化处； 4. 生态环境保护督察处； 5. 生态环境执法处； 6. 第一、第二、第三区域生态环境保护督察办公室	1. 生态保护处； 2. 海洋生态环境处； 3. 生态环境监测处； 4. 省生态环境保护督察办公室； 5. 区域生态环境保护督察第一、第二、第三、第四、第五、第六办公室

续表

涉海部门＼省份	广东省	江苏省	浙江省	山东省
农业农村厅	1. 渔业资源保护处； 2. 渔业发展处； 3. 港澳流动渔民工作处	1. 渔业处（水生生物保护与管理处）； 2. 渔政监督管理处	1. 渔业渔政渔港管理处（渔政渔港监督管理局）	1. 渔业与渔政管理处； 2. 涉外渔业综合管理处
省政府部门管理机构				省海洋局： 1. 办公室； 2. 海洋战略规划与经济处； 3. 海域与海岛管理处； 4. 海洋预警监测处； 5. 海洋科技与对外合作处

截至2021年，山东省自然资源领域地方标准已发布209项，其中，地质矿产地方标准18项，水工环地方标准18项，国土调查保护与空间规划地方标准4项，测绘地理信息与自然资源信息化地方标准14项，林草地方标准155项；在研地方标准项目总计125项，其中，地质矿产地方标准13项，水工环地方标准20项，国土调查与空间保护地方标准15项，测绘地理信息与自然资源信息化地方标准9项，林草地方标准68项（表3－2）。

表3－2　山东省自然资源地方标准统计

序号	专业方向	现行标准数量/项	在研标准数量/项
1	地质矿产	18	13
2	水工环	18	20
3	国土调查保护与空间规划	4	15
4	测绘地理信息与自然资源信息化	14	9
5	林业	155	68
6	总计	209	125

为更好研究山东省自然资源标准化工作现状，通过前期文献资料收集、现场和书面调研等形式，根据目前省标委会下设各分委会的专业方向划分，从地质矿产、水工环、国土调查保护与空间规划、测绘地理信息和自然资源信息化、林草五个领域分析自然资源地方标准化现状。

在地质矿产领域，山东省已发布地方标准 18 项，该领域地方标准数量居全国前列。标准集中在地质图编绘、图例编制和地质勘探检测等方面，为加强矿山地质环境保护，在全国率先制定了铁矿、金矿、煤矿等绿色矿山相关地方标准。目前在研地质勘探、污染土壤有毒物质测定、区域调查评价等相关标准 13 项。

在水工环领域，山东省已发布地方标准 18 项，受山东省黄河冲积平原及山间河谷平底、中低山丘陵区等山东特色地质影响，标准集中在水资源（水量）监测、地质灾害治理工程等方面。目前在研水文地质调查、山水林田湖草生态保护修复等地方标准 20 项。

在国土调查保护与空间规划领域，山东省已发布土地整治工程建设地方标准 4 项，在研不动产登记相关标准、建设项目节地评价和土地整治等地方标准 15 项。

在测绘地理信息与自然资源信息化领域，山东省已发布地方标准 14 项，集中在空间地理基础信息数据元目录系列、地理信息公共服务平台、国土资源数据服务目录体系等，并根据省厅管理和社会的需要，在研省级基础地理信息地形要素数据和制图等方面的地方标准 9 项。

在林草领域，山东省已发布地方标准 155 项，根据山东省林草特色，涵盖了国土绿化标准、生物多样性、森林资源培育、林草有害生物防控等技术标准。目前在研绒毛白蜡、国槐、元宝枫、木槿等林木花卉种苗生产、森林资源培育、困难立地造林、木材加工等地方标准 68 项。

二、部分外省市地方标准建设现状

北京市自然资源领域地方标准建设情况：截至 2021 年 11 月，北京市现行地方标准总计 2681 项。其中，北京市规划和自然资源委员会归口的自然资源领域标准总计 126 项，涉及工程测量、基础测绘、地质灾害评估、城乡规划用地、土地信息、城市道路等领域。接下来将以提升首都治理体系和治理能力现代化水平为目标，重点围绕优化城市布局、韧性城市、健康宜居城市、智慧城市、低碳发展及建筑节能开展标准研制工作。北京市园林绿化局归口的林业领域地方标准总计 224 项，园林绿化生态监测、园林设计、小微湿地建设标准等地方标准正在研制过程中。现行自然资源相关标准体系《北京市城乡规划和建设工程勘测设计标准体系》，分为城乡规划、勘察、市政工程、建筑设计、测绘，涵盖了现行、待编、在编的国家、行业、北京市地方标准 1926 项。

湖南省自然资源领域地方标准建设情况：截至 2021 年 11 月，湖南省现行地方标准总计 1567 项，自然资源领域地方标准总计 117 项，其中涉及地质、测绘、土地、耕地及林业等领域。自然资源调查监测、绿色矿山、国土空间规划一张图、自然资源确权等领域地方标准正在研制过程中。

江苏省自然资源领域地方标准建设情况：截至 2021 年 11 月，江苏省现行地方标准总计 4519 项，自然资源领域地方标准总计 65 项，涉及地理信息、测绘、林业、地质、国土规划等领域。地质调查、矿产勘查开发、矿山生态修复、地质灾害治理等领域地方标准正在研制过程中。

浙江省自然资源领域地方标准建设情况：截至 2021 年 11 月，浙江省现行地方标准总计 2714 项，自然资源领域地方标准总计 91 项，涉及土地质量、耕地、地质灾害、测绘、水文、工程地质、耕地、林业等领域。地理信息公共服务、基础地理数据规范、土壤环境质量、海岸线整治修复评价、农村集体用地规范等标准正在研制过程中。

上海市自然资源领域地方标准建设情况：现行自然资源相关标准体系包括《上海林业标准体系》《上海土地整治标准体系》。其中林业标准体系共收录1155条标准或相关项目，包括国家标准226项、行业标准915项、上海市地方标准及上海市工程建设规范共14项。土地整治标准体系有服务通用基础标准体系、服务保障标准体系、服务提供标准体系三部分共104项标准，包括国家标准34项、行业标准26项、地方标准5项、企业标准39项。

陕西省自然资源领域地方标准建设情况：现行自然资源相关标准体系《陕西省水利技术标准体系表》包含了水利行业水文、水资源、水环境、水利水电、防汛抗旱、供水节水、水土保持、渔业和综合利用等专业技术领域的国际标准、国家标准、行业标准、地方标准，同时收录了陕西省与水利行业关系密切的电力、建筑、交通等相关行业标准，总计2300余项。

三、对标分析

自然资源标准化既是自然资源依法行政的技术基础，又是自然资源科学行政的有效手段，基于此，本研究从标准化制度、标准管理模式等管理角度和标准供给质量、标准创新应用等技术角度，选取目前国内已开展自然资源标准化工作的山西省、江苏省、河南省、陕西省等省市，对标分析自然资源标准化建设情况。通过与其他省市的自然资源标准化工作的比对分析，可见山东省自然资源标准化管理水平和技术水平均处于前列，主要表现在：

第一，标准化的管理水平方面：山东省成立了全国首家省级自然资源标准化技术委员会及其下设的五个专业标准化分技术委员会，为山东省地质矿产、水工环、国土调查保护与空间规划、测绘地理信息和自然资源信息化、林草等自然资源领域提供标准化发展规划建议及标准制（修）订等工作；同时山东省还率先开展了自然资源标准库的建设，在地震勘探、爆炸安全、盐碱地造林技术等方面的国家和地方标准开展标准评估的工作，为标准制（修）订提供了重要依据，为政府决策和相关部门制定产业政策提供重要参考和支撑保障，标准化管理水平处于全国自然资源系统和省直部门的前列。

第二，标准化的技术水平方面：在标准化科研方面，率先开展了“山东省自然资源标准体系建设研究”“山东省自然资源标准体系（国家、行业标准）研究”“山东省自然资源标准体系（地方标准）研究”“山东省山水林田湖草生态保护修复标准体系”等自然资源标准化研究项目，从地质矿产、水工环、国土调查保护与空间规划、测绘地理信息和自然资源信息化、林草五个领域开展标准化研究，为构建统一的山东省自然资源标准化体系奠定了科学牢固的基础。同时，绿色矿山建设系列标准荣获山东省自然资源科学技术一等奖。在标准先进引领方面，山东省参与制定了自然资源国家标准26项，行业标准42项。标准对引领和服务行业市场有较强的支撑能力，自然资源标准化技术水平全国领先。具体指标分析对比见表3－3。

表 3-3 与外省市对标分析

指标内容		山东省	其他省市
标准化的管理水平	政策支撑（标准化的政策文件）	1. 出台了《关于建立国土空间规划体系并监督实施的通知》《山东省山水林田湖草生态保护修复标准体系建设工作方案》； 2. 与省标准化主管部门联合出台《关于在规划制定和实施中充分发挥标准化支撑作用的指导意见》	1. 目前各省市基本以国家的《自然资源标准化管理办法》为依据； 2. 部分省市如江苏省发布了《关于进一步加强自然资源所标准化建设的指导意见》
	专业机构（标准化技术委员会）	2018 年筹建成立山东省国土资源标准化技术委员会，2019 年调整为“山东省自然资源标准化技术委员会”并下设五个专业标准化分技术委员会	1. 山西省 2019 年 11 月成立“山西省自然资源标准化技术委员会”； 2. 江苏省 2020 年 6 月筹建“江苏省自然资源标准化技术委员会（筹）” 3. 河南省 2020 年 9 月筹建“河南省自然资源标准化技术委员会（筹）”； 4. 陕西省 2021 年 4 月成立“陕西省自然资源标准化技术委员会”
	标准的评估	1. 率先开展重要标准实施效果评估工作； 2. 开展了强制性国家标准《地震勘探爆炸安全规程》、山东省地方标准《盐碱地造林技术规程》评估； 3. 完成了绿色矿山系列地方标准宣贯； 4. 正在评估《煤矿充填开采技术效果评价方法》《土地整治工程建设标准》《地理信息公共服务平台技术规范》《林木种质资源采集技术规程》	1. 江西省通过江西省自然资源评价评估行业协会开展相关工作； 2. 其他省市暂无开展此类工作
	标准化的管理工具（标准库建设）	已启动省厅标准库建设，2021 年上线运行	1. 仅有国家层面的自然资源标准化信息服务平台提供标准查询功能； 2. 其他省市大多通过各省市的标准图书馆来查询，暂无专门自然资源标准库
	经费保障	从标准评估、宣贯和修订实现省厅标准化经费全额预算保障	大多经费来源标准化主管部门
标准化的技术水平	标准体系构建情况	2019 年率先启动自然资源体系方面研究	1. 2020 年 9 月河北省发布《河北省自然资源标准体系》； 2. 其他省市暂无自然资源标准体系研究
	标准的覆盖程度及数量	涵盖了地质矿产、国土调查保护与空间规划、测绘地理信息与自然资源信息化、林草和水文地质、工程地质、环境地质五大领域，总计发布 209 项地方标准，在研 125 项	其他省市大多参考各部委建立了相应的标准，从国土、地质、矿产、测绘、海洋、水利等相关领域进行划分

四、山东省自然资源标准化建设管理模式探索

推进自然资源标准化建设，制定标准是前提，推广实施标准是关键，这其中都离不开标准化管理机构的总体规划。根据山东省标准化工作推进和标准体系建设实际情况，标准化管理机构模式可粗略分为政府推动型模式、多元合作型模式和企业（团体）主导型模式。在自然资源标准化管理机构的不同发展阶段，三种模式又呈现出层层递进关系（图3－1），目前山东省自然资源标准化管理机构尚处于第一种模式向第二种模式过渡的阶段。

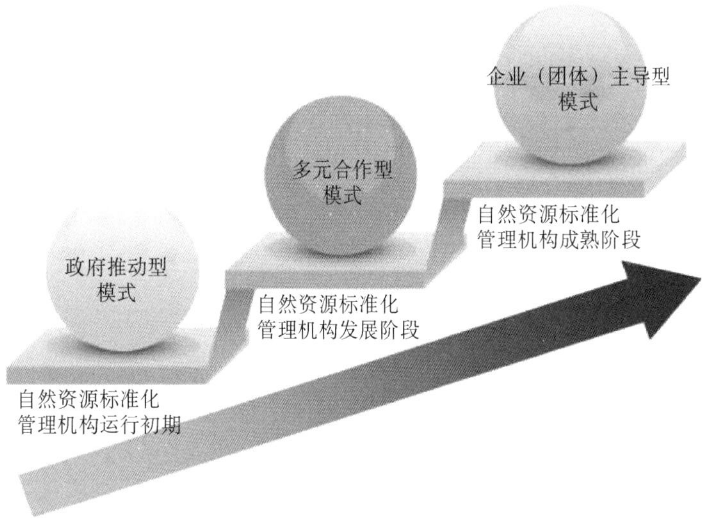

图3－1　山东省自然资源标准化管理机构发展阶段及对应模式

（一）政府推动型

在自然资源标准化管理机构筹建运行初期，主要以政府推动型模式为主。政府推动型模式主要是指政府在标准化活动中发挥主导作用，政府利用政策手段推动企业（团体）等参与标准化活动。政府授权成立标准化管理机构，负责自然资源标准化协调工作，组织行业专家及其相关企业（团体）等参与自然资源领域相关标准的制（修）订工作，并利用激励政策激发企业（团体）等参与自然资源标准化活动。政府推动最直接的体现是政府设立推动自然资源标准化的专项资金，对参与自然资源标准化的单位进行补贴，推动相关企业（团体）等自然资源标准化工作。除此之外，政府还主导自然资源标准的制（修）订，审批、发布和管理自然资源标准，并利用网络、电视等媒体推广自然资源标准，提高标准的采标率，发挥标准在自然资源标准化建设中的作用。山东省质监局最早于2018年6月就批准筹建山东省国土资源标准化技术委员会，后发展成为省标委会及其五家分委会，进一步提高了山东省自然资源标准化工作的技术项目组织水平，加快推进了自然资源“山东标准”的建设进程，使得山东在标准化组织建设方面走在了全国前列。显而易见，山东省自然资源标准化管理机构在成立初期符合政府推动型模式（图3－2）。

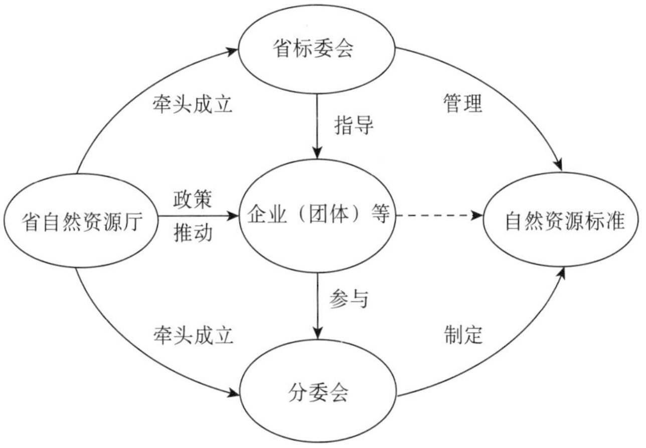

图3-2 山东省自然资源标准化管理机构政府推动型模式

（二）多元合作型

在自然资源标准化管理机构发展阶段，主要以多元合作型模式为主。多元合作型模式是指政府、企业（团体）、高等院校和科研院所等单位协同合作，参与自然资源标准化工作，企业（团体）、高等院校和科研院所等单位是自然资源标准化的核心主体，政府主要起到协调、引导作用。在多元合作型模式中，企业（团体）、高等院校和科研院所等单位是自然资源标准化工作的核心主体，政府对自然资源标准化工作的直接干预明显减少。多元合作型模式最主要的特点是主体多元化、关系平等化、目标统一化。政府宏观管理自然资源标准化工作，减少直接干预；企业（团体）整合市场信息，寻找合作单位，共同研制自然资源相关标准；高等院校和科研院所负责将最新研究成果给企业（团体）研制标准提供智力支撑。各个不同主体之间地位平等、相互协作，各主体以自然资源标准化为手段，以自然资源高质量保护和利用为目标，共同推进自然资源标准化发展。

（三）企业（团体）主导型

在自然资源标准化管理机构成熟阶段，主要以企业（团体）主导型模式为主。企业（团体）主导型模式是指企业（团体）成为自然资源标准化的主体，发挥着制修（订）标准的主导作用，政府及行业组织主要是从宏观上进行管理和引导，高等院校和科研院所与企业是合作参与标准化的关系。企业是市场经济的主体，最了解市场的需求，掌握的信息也最全面。企业（团体）通过加入行业协会、标准化组织等机构，为自然资源行业领域内的资源利用状况提供第一手资料，整合各方资源开展某一专业技术领域的标准化活动。

第四节　山东省自然资源标准体系建设问题分析

山东省自然资源领域标准体系构建过程中取得了一定成绩，但通过与国内外标准体系建设情况研究对比发现，仍存在不足之处，有待进一步完善，主要表现在以下几方面。

一、标准化顶层设计尚需进一步明确

标准体系是一段时期内指导和保障标准化工作有效、科学开展的总纲，对做好整个标准化战略、规划、计划和日常管理工作意义重大。在自然资源部成立以前，自然资源相关业务的标准化工作基本都由原国土资源部、住房和城乡建设部、水利部、农业部、国家林业局、国家海洋局和国家测绘地理信息局等各政府部门分别管理，而每个部门围绕有效推动本领域标准化工作需要，建立了相应的管理机构和专业标准化技术组织，形成了相应的标准化管理制度和标准制（修）订机制，制定了多项专业标准，其表现的结果往往是自然资源相关领域的开放、共享、协调的程度不到位，带来的问题就是自然资源业务实际工作层面的各种矛盾。前期原国土资源部等多部门主导制定的2009版《国家地理信息标准体系》、2016版《国土资源标准体系》、2017版《测绘标准体系》、2017版《林业标准体系》等自然资源相关标准体系，主要从各部门工作职能出发，规定了各自业务范围内的标准体系框架，框架内各标准之间的关联性和逻辑性都是围绕原有业务独立开展的前提而形成。机构改革后，还未形成自然资源整体层面的标准体系，不能体现山水林田湖草生态系统的整体性和系统性要求，不能很好地统筹指导自然资源标准制（修）订及有效支撑自然资源部履行两统一职责。

二、标准化机构运行机制尚需完善

专业标准化技术委员会作为组织领域内标准制（修）订工作的主要机构，是开展标准化工作的重要组织基础。目前，国家层面成立了全国自然资源与国土空间规划标准化技术委员会（TC 93）、全国地理信息标准化技术委员会（TC 230）、全国海洋标准化技术委员会（TC 283）、全国珠宝玉石标准化技术委员会（TC 298），地方层面的标准化机构如何运转尚在摸索阶段，国内各省市还没有较为成功的机构经验和做法可供借鉴。虽然山东省率先成立了自然资源标准化技术委员会，但由于近两年机构改革人员流动性大、机构成立时间短等问题，存在分委会成员结构、层次分布不均，专业从事标准化工作人员缺乏、标准立项面较窄、标准制（修）订缺乏系统性等问题，造成了标准化工作管理、创新、提升等机制运转模式动力不足问题。

三、标准全生命周期尚未闭环

标准的全生命周期包括立项、起草、征求意见、审查、报批、发布实施、复审、修订、废止若干个阶段。根据《自然资源标准化管理办法》《山东省地方标准管理办法》等要求，山东省自然资源标准化工作在立项评估、标准起草等阶段已形成良好的管理机制，但仍存在着“重制定、轻实施、弱监督”现象。一方面部分标准制定之初未考虑行业需求，没有进行充分的可行性调研，有一定盲目性，导致标准发布实施后效果不佳，缺乏实施对象。另一方面标准发布实施后未能及时推进标准宣贯和评估，导致标准有标不依、执标不严，最终无法形成闭环，使标准未能发挥应有作用。

四、标准化专业人才不足

山东省自然资源主管部门对标准化工作十分重视，标准立项及发布数量在逐年增多，但是实地调研过程中也发现，全省从事自然资源地方标准化工作的单位较少，而且主要集中在科研院所和高校，而生产一线的基层单位较少参与；加之近两年机构改革人员流动性大等原因，还存在个别领域和单位无省标委会成员和专门从事标准化工作的专业人才缺乏等问题。

五、公众对标准体系建设认知度低

公众对标准体系建设认知度低，标准化宣贯及大众传播需要进一步加强。通过对“山东省自然资源标准体系建设研究”相关大数据热词进行云图分析，显示标准体系宣贯及大众传播尚需继续努力。据火蓝大数据智能平台监测数据显示：自2021年8月30日至2021年9月30日一个月时间共监测到“山东省自然资源标准体系建设研究”相关数据7815条。由图3－3可以看出，全国媒体报道“山东省自然资源标准体系建设研究”排前五位的热词包括：自然资源、山东、标准、标准化、空间规划，而“标准体系”和“建设研究”的词频相对较低，换句话说，自然资源标准体系建设研究并不是媒体及大众关注的热点。

图3－3 “山东省自然资源标准体系建设研究”热词云图（2021年8月30日至9月30日）

第四章　山东省自然资源标准体系建设研究

为深入贯彻落实国务院和山东省委、省政府关于标准化工作的系列部署和要求，2019年省厅立项开展“山东省自然资源标准体系建设研究”，目的在于分析标准需求，提出山东省自然资源标准体系建设总体思路，构建山东省自然资源标准体系框架，在调研国内各自然资源行业地方标准建设情况的基础上，结合山东省实际情况建立有地区特色的地方标准体系。依托地质矿产、水工环、国土调查保护与空间规划、测绘地理信息与自然资源信息化、林业等五个专业标准化分技术委员会，着力打造山东省地方特色的自然资源标准体系，完成绿色矿山建设标准和绿色勘察技术规范等地方标准的编制工作，组织开展土地、矿产、水工环、测绘、林业等自然资源领域地方标准的研制工作，建立科学合理的五类标准子体系，完善山东省自然资源标准体系建设。其中，委托中国自然资源经济研究院对接自然资源国家和行业标准，研究现有标准体系，利用国家标准和行业标准现状指导山东省标准体系，争取对接国际标准。根据现有标准和体系，细化山东省自然资源标准体系。委托山东省标准化研究院调查了解山东省各地自然资源标准的现状。根据山东省地方特点补充完善体系，形成具有地方特色的山东省自然资源标准体系。借助山东大学多学科理论研究平台优势，围绕山东省自然资源标准体系开展理论应用研究，形成相关研究创新成果。本项目在借鉴国际标准、国家标准和行业标准的基础上，结合山东省实际，突出山东省地方特色，经过反复调研论证所形成的山东省自然资源标准体系建设研究成果，较好地体现了体系的先进性、特色性、针对性、合理性、科学性，特别突出了可行性和可操作性。

第一节　研究的问题需求与前瞻性

标准体系是一段时期内指导和保障标准化工作有效、科学开展的总纲，对做好整个标准化战略、规划、计划和日常管理工作意义重大（吴桐等，2021）。问题导向是开展“山东省自然资源标准体系建设研究”的最重要立项依据。调研发现，随着新的《中华人民共和国标准化法》的颁布实施和自然资源管理实际情况的变化，现阶段山东省自然资源领域原有标准或标准化管理模式已不能适应管理需要，标准存在诸多缺失、老化、滞后，甚至互相抵触现象；省内自然资源各领域标准化水平不均衡，标准之间的系统性和一致性不强，标准质量有待提高，“重制定、轻实施”的问题仍然广泛存在，等等。新时代新要求，我们需要围绕自然资源管理新时代理念、重点顺应自然资源部改革趋势和自然资源标准化工作新特点，努力使山东省自然资源标准化工作再创新高度。基于此，开展本选题的研究，是实现自然资源标准系统化、规范化管理的关键工作，是加快政府职能转变的重要抓手，是落实监管职责的有效手段和有力支撑，是山东省自然资源标准化工作科学推进的基础，其对深入推进标准化工作改革和山东省自然资源标准信息化建设意义重大。

加强前瞻性思考、全局性谋划、战略性布局、整体性推进，是十九届五中全会提出的坚持系统观念的重要内涵，为山东省自然资源标准体系建设过程中坚持系统观念指明了方向和路径。系统论是一门科学方法论，由贝塔朗菲在20世纪中后期提出，其诞生后，在深度和广度上不断发展，得到了广泛的应用和更深入的研究，《质量管理体系 基础和术语》（GB/T 19000—2016）将系统定义为“相互关联或相互作用的一组要素”。标准体系作为标准化工作的重要组成部分，是一个由标准按照一定的内部联系构成的具有标准化作用的系统，对其所涉及的标准化领域发挥着重要的作用。因此，可采用系统论的原理来思考标准体系，即每一个具体的标准体系都有其适用的范围，对于适用范围更大的标准体系，适用小范围的标准体系是适用于大范围的大标准体系的要素；标准体系并不是由标准简单堆砌而成，而是由标准按照一定的内在联系有机地组织形成的。自然资源标准体系构建就是将自然资源领域内现有的、应有的和预研制的标准涵盖在内，按其内在联系和逻辑组合形成科学的有机整体。

一、研究的需求导向

（一）贯彻落实国务院深化标准化改革，优化标准体系工作的需要

标准体系的建设与完善，已经成为政府部门加强标准化工作，实施标准化战略的重要抓手。2015年3月国务院印发的《深化标准化工作改革方案》（国发〔2015〕13号）明确要求“着力解决标准体系不完善，更好发挥标准化在推进国家治理体系和治理能力现代化中的基础性、战略性作用”。2015年12月发布实施的《国家标准化体系建设发展规划（2016—2020年）》（国办发〔2015〕89号）中明确要求“把政府单一供给的现行标准体系，转变为由政府主导制定的标准和市场自主制定的标准共同构成的新型标准体系。”

（二）贯彻落实生态文明体制改革，健全生态文明制度体系的需要

2015年9月，中共中央政治局审议通过的《生态文明体制改革总体方案》，明确提出“到2020年，构建起包含自然资源资产产权制度、建立国土空间开发保护制度、建立空间规划体系、完善资源总量管理和全面节约制度、健全资源有偿使用和生态补偿制度、建立健全环境治理体系、健全环境治理和生态保护市场体系、完善生态文明绩效评价考核和责任追究制度等八项制度构成的，产权清晰、多元参与、激励约束并重、系统完整的生态文明制度体系”。而明确标准相关内容、构建相应的标准体系对于完善生态文明制度体系具有重要的技术支撑作用。

（三）履行自然资源部“两统一”职责，强化顶层设计的需要

2018年，国务院落实深化党和国家机构改革，组建自然资源部，赋予其“统一行使全民所有自然资源资产所有者职责，统一行使所有国土空间用途管制和生态保护修复职责”。职能转变要求强化顶层设计，构建新的标准体系，在自然资源调查监测评价、自然资源统一确权登记、自然资源资产有偿使用、自然资源的合理开发利用、国土空间规划、国土空间用途管制和国土空间生态修复等领域制定相应的标准、规范，充分发挥自然资源标准的技术支撑作用。

（四）山东省推动产业转型升级高质量发展的需要

山东省是国家标准化综合改革试点省份，省委、省政府提出要把标准化摆在经济社会发展的突出位置，作为推动产业转型升级高质量发展和提升社会治理水平的政策工具，已经把标准化提升到了基础性、全局性、战略性、引领性的地位，作为加快新旧动能转换、建设海洋强省、打造乡村振兴的齐鲁样板等国家发展战略的战略支撑。在完善制度体系，优化标准化发展新环境方面走在全国前列。聚焦新业态、新技术、新产品发展需求，在全国首发《关于促进标准化大数据发展的指导意见》《关于在规划制定和实施中充分发挥标准化支撑作用的指导意见》《关于推动数字经济标准化建设的指导意见》等。当前，山东省处于较快发展的战略机遇期，同时山东省域内国民经济和社会发展与资源环境的矛盾也更加突出，防灾减灾任务艰巨，林草、土地、能源、矿产和地质环境面临着保障发展、保护资源的双重压力，自然资源管理的体制机制障碍凸显，改革的任务十分艰巨。因此，为实现山东省自然资源保障和促进科学发展，根本出路在于构建自然资源管理新机制，改革创新自然资源管理制度，这就对山东省自然资源标准化工作提出了一系列的新要求。

二、目标任务的前瞻性

（一）研究目标

依据党中央、国务院对标准化工作和自然资源管理工作提出的新要求，通过对山东省自然资源管理现状的调查研究，梳理地质矿产、水文地质工程地质环境地质、国土调查保护与空间规划、测绘地理信息与自然资源信息化、林业等五大专业领域的国家标准、行业标准，及山东省地方标准现状，编制山东省自然资源标准目录，建设山东省自然资源标准库。同时，为推动山东省自然资源领域高质量发展，遵循市场自主制定标准的原则，构建涵盖上述五大专业类别，适应管理实际和业务工作需要的山东省新型自然资源标准体系，为自然资源领域生态文明建设提供依据和技术支撑。

（二）研究任务

第一，梳理分析地方标准现状。梳理山东省自然资源标准化现状，界定自然资源领域的内涵和外延，明确标准化的对象，探求山东省自然资源标准化工作需求，为构建地方标准体系积累资料和夯实基础。

第二，评估和构建标准体系。以省厅“两统一”职责为主要依据，对山东省自然资源标准体系的范围进行界定。

第三，研究重点领域地方标准制（修）订方向。系统总结梳理目前自然资源标准现状，在综合考虑山东省自然资源特点的基础上，按照“山水林田湖草一体修复”和“整体保护、综合治理”的总体要求，对纳入标准体系范围内的现行有效标准、在研标准和规划标准进行收集汇总，对其适用性、交叉重复性、时限性、协调性等方面开展进一步筛选，明确为支撑上述工作和相关规划缺少的标准，提出内容和方向性的建议。结合当前山东省自然资源地方标准现状，依据自然资源领域工作需求和需要，分析地质矿产、水工环、国土调查保护与空间规划、测绘地理信息与自然资源信息化和林草各领域的重点标准需求，提出“十四五”期间各领域的标准制（修）订计划，统筹推进山东省自然资源标准化工作。

第四，提出标准化工作运行和管理建议。自然资源标准化技术委员会作为全省自然资源管理工作迈向专业化、规范化、精细化的具体实施新路径，是推进自然资源治理体系和治理能力现代化发挥基础性和战略性作用的重要保证，支撑和保障了山东省自然资源事业高质量发展，更是支撑服务质量强省和标准化战略推进的有力保障。围绕省标委会的建设，从政策和制度等顶层设计方面给出标准化发展规划建议；从标准化的组织建设、标准的全链条管理等方面给出标准服务的工作建议；从标准化人才培养、标准评估、标准宣贯等方面给出标准保障的工作建议，以此发挥省标委会在市场监管系统和省行业主管部门间的桥梁纽带作用，更好地服务山东省自然资源标准化发展。

第二节　标准体系建设原则

标准体系建设全面贯彻党的十九大和十九届二中、三中、四中、五中、六中全会精神，以习近平新时代中国特色社会主义思想为指导，深入学习贯彻习近平生态文明思想以及关于标准化工作的重要论述，坚持问题导向、需求导向、目标导向，对标先进、深化改革、创新机制，突破山东省自然资源标准体系建设难点，夯实五大标准子体系，实施“十四五”期间每年标准制（修）订工作任务，提升标准工作管理水平，构建具有山东特色的自然资源标准体系框架结构，推进标准更新与创新成果和技术进步同步、标准与自然资源各项业务工作融合发展，力争打造自然资源标准化工作改革的样本范式，为壮大自然资源领域国家标准、行业标准作出山东贡献。在构建新时代山东省自然资源标准体系过程中，项目团队秉持以下原则：

1）统一性原则。整个山东省自然资源标准体系及子体系统一按照基础标准层—子体系标准层—专业门类标准层—细分门类层—具体标准的划分要求进行划分。对整个体系及子体系划分层级统一要求，最多划分至第四层，即到细分门类这一层，最后一层为具体标准层；各子体系结构图统一显示三层；各子体系统一按照专业序列（工作程序和内容）来进行划分，即按照自然资源利用的流程（调查、评价、规划、管理、保护和合理利用的过程）来进行划分。

2）系统性原则。在山东省自然资源标准体系的整体系统结构中，各层级应自上而下逐级细化，各层之间有紧密联系，也具有明确界限，各层自上而下形成一个不断细化的独立封闭系统；在每一个子体系内部，各工作程序之间既有紧密联系也有严格区别和界限；每一子体系内的各工作程序和环节共同构成一个严密的系统，且相邻之间互不影响，尽量避免交叉重叠；体系收录标准之间应体现出相互依赖、衔接的配套关系，既相互制约又相互补充，形成一个严密的标准体系。

3）公益性原则。贯彻落实国家生态文明、资源管理改革要求以及国家标准化改革的要求，自然资源标准体系内的行业标准逐步向政府职责范围内的公益类过渡，在山东省自然资源标准体系构建中，推荐性国家标准重点制定基础通用、与强制性国家标准配套的标准。推荐性行业标准重点制定自然资源领域内的重要技术、行业管理和服务标准，更加突出推荐性标准的公益属性。

4）继承性与可衔接性原则。2016 年发布的《国土资源标准体系》、2017 年发布的《测绘标准体系》和《国家地理信息标准体系》都是经过几轮修订、发展、演变和应用后形成的相对完善、适用性强、结构合理的标准体系。在合理继承上述标准体系成果的同时，山东省自然资源标准体系的构建应重视履行省厅职责对标准的新需求以及现有业务领域、工作重点对标准的要求，在此基础上再将林草标准等纳入现有体系，体现标准体系的衔接延续和继承发展。

5）先进性与可扩展性原则。自然资源标准体系既要考虑到山东省现阶段地质矿产、水工环、国土调查保护与空间规划、测绘地理信息与自然资源信息化、林草的技术应用发展水平，也要对未来的发展趋势有所预见，充分体现自然资源领域相关技术的发展方向；同时兼顾自然资源资产管理、不动产统一登记、生态国土建设等新业务开展对标准的需求，应充分考虑标准体系的可扩展性，使标准体系能随着自然资源各领域科学技术的发展以及管理工作的需要进行扩充。

第三节　标准体系建设思路

标准体系是一个行业标准化工作的重要指导性文件，是开展标准化工作的基础，标准体系建设工作，既是标准化的顶层设计工作，又是标准化的基础建设工作。标准体系建设涉及专业知识面广、关系复杂，做好这项工作，必须首先厘清标准体系的建设思路。

一、构建目标

通过对山东省自然资源标准化建设现状及存在的问题进行全面深入分析，以系统科学和标准化理论为指导，按照“强化标准引领”和“走在前列”的要求，以提高自然资源标准化数字服务管理水平、创设自然资源标准全生命周期规范化流程为视角，研究需求分布，剖析自然资源标准体系基本架构功能的关键环节、关键要素、支撑关键点及其联系性和层次关系，构建结构合理、层析清晰，地质矿产、水工环、国土调查保护与空间规划、测绘地理信息与自然资源信息化及林草等各专业协调配套，体现自然资源管理与综合标准化趋势的新型本土特色自然资源标准体系，以提高山东省自然资源领域的标准编制水平和管理水平，持续增强标准实施效果，指导和引领地方标准和团体标准的科学发展，为山东省自然资源高质量利用和保护提供技术支撑。

二、界定自然资源标准体系范围

在《标准体系构建原则和要求》（GB/T 13016—2018）中，标准体系定义为：“一定范围内的标准按其内在联系形成的科学的有机整体。”在此标准体系的定义中，有两个地方的表达比较抽象：一个是“内在联系”，另一个是“科学的有机整体”。这两个表述的含义和界定不容易把握，而且在现实中，几乎没有一个标准体系是通过寻找标准中的“内在联系”建立起来的。为了使标准体系的概念便于理解和应用，2010 年，麦绿波在《标准体系的内涵与价值特性》一文中提出标准体系的“通俗版定义”，即一定范围内所需标准按相关性分类的集合，它包括现行标准和需制定标准。这一定义直接给出标准体系的概念就是标准的集合，即标准群。其还对标准体系内涵进行了详细的阐述：①标准体系的范围是特定目的所需的全部标准，包括实物和虚物；②标准体系的实物是标准；③标准体系的虚物是标准制定的规划对象；④标准体系中的标准是按属性关系进行分类的。标准体系的四个内涵说明：第一，标准体系中的标准是有目的地纳入的，而不是毫无关系随意放入的标准，放入体系中的标准一定是有使用需求的；第二，标准体系不是一个空虚的概念，它是有实物对象的，其实物对象是由标准组成的；第三，标准体系也有非实物的虚物对象，或者说有虚概念，虚物是标准的制定需求对象或标准制定规划；第四，标准体系中的标准不是随意堆放的，而是按照一定的分类属性关系对标准进行分类集中摆放的。标准体系有实物对象，有虚物对象，两者一般都可用标准体系表进行表达。在标准体系表中，标准实物对象由标准发布的名称、标准编号等信息标注，标准虚物对象无标准发布的时间和标准编号信息，很容易根据这些信息区分出标准的实物对象和虚物对象。对于标准实物对象，在标准体系表外，有实物标准相对应。对于标准虚无对象，在标准体系表外，是没有实物标准相对应的。特别需要关注的是标准体系要素构成的两大方面：结构要素和质量要素。结构要素包括标准的类别、层次、形式、性质、领域；质量要素包括标准所处的水平、已应用的程度、实质性发挥作用的比例以及标准体系的系统性、协调性、完整性。标准体系中的标准通常按照结构要素的标准类别和标准层次进行分类和分级。标准类别是指按照一定的规律对标准体系中的标准按照其技术内容的共性进行的分类。我国通常将通用标准分为——方法、基础、安全、卫生、环保、管理、工程七类标准；将产品标准分为——产品、质量、方法、基础、安全、卫生、其他等。分类方法及分类类别的具体应用视实际情况而定。标准层次是根据一定的划分原则，将特定范围内的标准按照互相之间的内在联系确定的层次关系或者层次结构。

山东自然资源标准体系建设执行国家标准体系分类标准。我国标准体系分为国家标准、行业标准、团体标准、地方标准、企业标准五个级别。标准体系可有多种属性分类，通常有按标准级别关系属性分类的标准体系、按标准类别属性分类的标准体系、按标准的用途属性分类的标准体系和按混合属性分类的标准体系。其中，按标准级别属性分类的标准体系，通常是权限范围管理的依据，同时还具有管理权限范围的标准规划作用；其他分类的标准体系通常是标准分类属性范围的工作依据，同时还有标准分类属性范围的标准规划作用。本书中的标准体系属于按照标准级别属性分类的自然资源领域的地方标准体系。

标准体系的范围和边界的确定应以行业部门的职责和主要业务工作领域为基础，按照行业、专业或门类等标准化活动性质的同一性，结合标准制定的对象来确定，同时应注意区分与相关法律法规、部门规范性文件和准则等约束相关机构和人员行为的部分。

山东省自然资源标准体系（地方标准）的范围界定，以省厅“两统一”职责为主要依据。2019 年，山东省落实和深化党和国家机构改革方案，组建自然资源厅（山东省林业局），赋予其依法履行全省全民所有土地、矿产、森林、草地、湿地、水、海洋等自然资源资产所有者职责和国土空间用途管制职责。职能转变要求强化顶层设计，构建新的标准体系，在地质矿产、水工环、国土调查保护与空间规划、测绘地理信息与自然资源信息化和林草等领域制定相应的标准，充分发挥自然资源标准的技术支撑作用，并由此确定标准体系的范围。鉴此，山东省自然资源标准体系（地方标准）范围可分为五个分领域，详见表 4－1。

表 4－1 山东省自然资源标准体系范围

序号	领域	范围
1	地质矿产	区域地质调查评价
2		矿产勘查及资源储量管理
3		矿产资源开发利用
4		矿产资源规划
5		绿色勘查及绿色矿山建设
6		勘查技术方法
7		地质实验测试技术
8		地质信息与资料
9	水工环	水文地质与水资源调查
10		工程地质调查
11		环境地质调查
12		生态地质调查
13		城市地质调查
14		地质灾害防治
15		岩溶地质调查监测及开发利用
16		矿泉水与地热资源
17		矿区水文地质工程地质
18		海岸带地质调查
19	国土调查保护与空间规划	自然资源调查监测
20		自然资源和不动产确权登记
21		自然资源资产核算
22		国土空间开发利用
23		国土空间规划
24		国土空间综合整治
25		耕地保护
26	测绘地理信息与自然资源信息化	技术与方法
27		成果与产品
28		应用与服务
29		软件工具与检验测试
30		自然资源信息化
31	林草	林草资源培育
32		湿地保护与建设
33		林草资源保护与生态修复
34		林草基础保障
35		森林经理
36		林草资源利用

山东省海洋领域已经形成了相对独立且完善的海洋标准体系及海洋标准化组织体系，因此山东省自然资源领域海洋标准不再纳入本体系中，本体系涉及海洋领域的内容力求与山东省海洋标准体系保持协调和一致。

三、构建依据

1）国家自然资源管理改革及标准化改革要求。《中共中央关于深化党和国家机构改革的决定》《中共中央关于推动高质量发展的意见》《深化党和国家机构改革方案》《国务院机构改革方案》《国务院机构改革和职能转变方案》《国务院关于加快推进生态文明建设的意见》《生态文明体制改革总体方案》《关于建立国土空间规划体系并监督实施的若干意见》《关于统筹推进自然资源资产产权制度改革的指导意见》《山水林田湖草生态保护修复工程指南（试行）》等。标准化改革要求主要有《中共中央关于制定国民经济和社会发展第十四个五年规划和二〇三五年远景目标的建议》《深化标准化工作改革方案》《生态文明建设标准体系发展行动指南（2018—2020）》《国家标准化体系建设发展规划（2016—2020 年）》《国家标准化发展纲要》等。

2）自然资源领域法律法规及标准化法律法规。《中华人民共和国土地管理法》《中华人民共和国矿产资源法》《中华人民共和国森林法》《中华人民共和国城乡规划法》《中华人民共和国测绘法》《中华人民共和国水法》《中华人民共和国海洋环境保护法》等。标准化法律法规主要有《中华人民共和国标准化法》《中华人民共和国标准化法实施条例》《自然资源标准化管理办法》《地方标准管理办法》等。

3）标准体系表编制要求。《标准体系表编制的原则和要求》（GB/T 13016—2018）《全国标准体系表》《标准化工作指南 第 1 部分：标准化和相关活动的通用词汇》（GB/T 20000. 1—2014）《质量管理体系 基础和术语》（GB/T 19000—2016）《国土资源标准体系表（2016 年版）》《测绘标准体系（2017 年修订版）》《国家地理信息标准体系（2017 年修订稿）》《林业标准体系（2017 年版）》《林业标准目录（2020 年版）》等。

4）山东省地方要求。《中共山东省委 山东省人民政府关于建立国土空间规划体系并监督实施的通知》《山东省国民经济和社会发展第十四个五年规划和 2035 年远景目标纲要》《山东省国家标准化综合改革试点工作方案》《山东省“十四五”自然资源保护和利用规划》《山东省标准化条例》《山东省自然资源厅职能配置、内设机构和人员编制规定》《山东省专业标准化技术委员会管理办法（试行）》《山东省地方标准管理办法（征求意见稿）》等。

四、构建方法

构建标准体系通常是先将研究对象视为一个系统，然后根据系统的特点，运用特点的方法构建标准体系。常见的标准体系构建方法有层次分析法、过程法、分类法、三维坐标法、DoDAF（美国国防部体系结构框架）等（张莹等，2020）。

1）层次分析法是将复杂标准化对象的总目标、复杂组成等逐层分解，将每项标准放在恰当的层次上，进而将分解后的层级结构映射形成标准体系结构，其通常采用层次结构图来表达各层级之间的结构关系，主要用于处理难以完全用定量方法来分析的复杂问题。层次分析法适用于具有清晰层次结构、功能组成明确的复杂系统，尤其是已有标准文件规定其工作分解结构最高几个层次的项目内容的系统。其优点是任何复杂系统都可以通过此方法从最高级别到最低级别分解表示为层次式结构，缺点是标准化对方特别复杂时，容易出现标准间交叉重叠的现象，而且使用过程中需要将通用标准层层分解，容易对标准“统一性”的基本原则造成干扰。

2）过程法是按照技术领域的特点和规律建立过程体系结构，主要适用于专业工程领域标准体系构建，其优点是目标明确，能较高程度地满足技术领域的需求，缺点是局限于过程法方式明确的对象。

3）分类法是按照一定的原则对标准化对象进行分类，通过类别划分指导标准体系构建和标准项目类别确定，主要包括按标准级别划分的级别分类法（比如划分为国家标准、行业标准）、按标准自身属性划分的性质分类法（比如划分为强制性标准、推荐性标准）、按标准所处生命周期划分的状态分类法（比如划分为已发布实施标准、修订中标准、制定中标准、待修订标准、待制定标准）、按标准化对象划分的对象分类法（比如划分为技术标准、管理标准、工作标准）。在运用分类法构建标准体系时，需要确定如何合理分类、每一类所包含的具体标准和具体标准在标准体系中的位置，该方法适用于分类规则明确的系统，其优点是标准化对象类别清晰，缺点是适用分类规则比较明确的系统不一定适用于复杂系统。

4）三维坐标法是霍尔在1969年提出的系统三维结构思想，也称霍尔三维结构，即由互相垂直的三个坐标组成的方法论空间，分别为时间维、逻辑维和知识维。在采用三维坐标法构建标准体系时，可根据实际情况对维度进行扩充和选择。该方法适用于标准项目级别和类别的确定，其优点是具有普遍性，是标准化系统工程的方法论，缺点是无法直接指导设计标准体系的总体结构，应用时需根据标准化对象的实际需求进行维度选择和改造。

5）DoDAF是指导美国国防领域内各系统体系结构开发的，全面、通用的顶层体系结构框架。其采用“模型+视图+视角”的思路，完成对标准化对象的结构化描述，主要适用于军事领域的武器和信息系统，目前在民用领域也有所应用。该方法的优点是以数据为中心，具有丰富的模型、视图基础，可作为复杂对象标准体系设计的先导步骤；缺点是缺乏有效的开发方法，实施难度较大，不便于直接进行标准体系构建。

本次研究综合考量以上几种方法的优缺点，充分认识自然资源自身的系统性和复杂性，并结合山东省自然资源标准化工作开展实际情况和地方标准现状及标准体系构建原则的要求，确定了运用层次分析法构建山东省自然资源标准体系总框架，采用“自上而下”的构建模式将山东省自然资源标准体系构建的总目标及复杂组成逐层分解，通过层次结构图形式来表达各层级之间的结构关系；运用分类法和过程法进行山东省自然资源六个标准子体系的详细设计，根据标准级别、标准自身属性等对山东省自然资源各分支领域的标准进行合理分类，放入标准子体系中合适位置，并采用过程法构建山东省自然资源某些专业技术领域的标准体系；运用三维坐标法进行山东省自然资源标准体系结构确定之后的标准项目设计，并根据山东省自然资源本土特色和需求进行维度的调整和选择。概括而言，本次研究综合运用层次分析法、分类法、过程法和三维坐标法来构建科学合理、层次清晰、全面系统的山东省自然资源标准体系。本次在构建标准体系时，首先充分调研相关材料，借鉴国内外先进经验做法，依据法律法规及自然资源管理规章制度及政策，充分结合调研山东省自然资源标准化发展情况和需要，并将调研信息反馈于标准体系的构建过程，从实践中来到实践中去，预留接口及时调整补充标准体系，以适应山东省自然资源标准化发展的需要。

第四节　标准体系研究及体系框架建立

构建自然资源标准体系的核心思想是要对自然资源各项工作过程中需要标准化的对象进行“统一”和“规范”。标准体系的构建遵循全面成套、层次适当和划分清楚的基本要求，根据标准的适用范围，恰当地将标准安排在不同层级。

一、体系纵向层级划分

通过对当前形势和需求的分析，以落实目标和任务为目的，聚焦山东省特色，围绕地质矿产、水工环、国土调查保护与空间规划、测绘地理信息与自然资源信息化、林草5家分委会的工作实际，以工作领域为划分准则，在进一步细分的基础上，与自然资源管理实践相结合，构建出子体系标准层—专业门类标准层—细分门类层三个层级的自然资源标准体系（图4－1）。

（一）标准子体系层

自然资源标准化对象涉及面广、内容复杂、相互交织，为了理清自然资源各类标准间的层级和相互关系，以资源分类为主、兼顾技术应用对自然资源标准化对象分解为若干领域，形成标准子体系。子体系层包含各自领域内具有普遍指导意义的标准。具体包括通用技术方法、质量、安全等。子体系层级标准应遵从基础层标准的相关要求，力求在本领域范围内实现标准间共性因素的统一、协调。

（二）专业门类层

为了系统的展示体系的全貌，准确的表达除共性标准外其他标准的相互关系，在专业子体系基础上，依据工作内容、专业门类等，将子体系划分成若干专业门类。专业门类层包含了专业门类范围内普遍适用的标准。第三层是整个标准体系的关键一层，起到“遵上统下”的作用。

（三）细分门类层

在专业门类层的基础上，依据具体工作内容进一步划分，形成细分门类，该层级收录的是在限定范围内的个性标准。

二、设计标准体系横向结构

（一）规范基础标准

基础标准代号1－00，包含了自然资源名词术语、符号代码、分类、图式图例等在自然资源领域作为基础内容需要统一规范的标准。

（二）地质矿产标准子体系

地质矿产标准子体系针对的是基础性、公益性的地质工作及矿产资源开发利用过程中

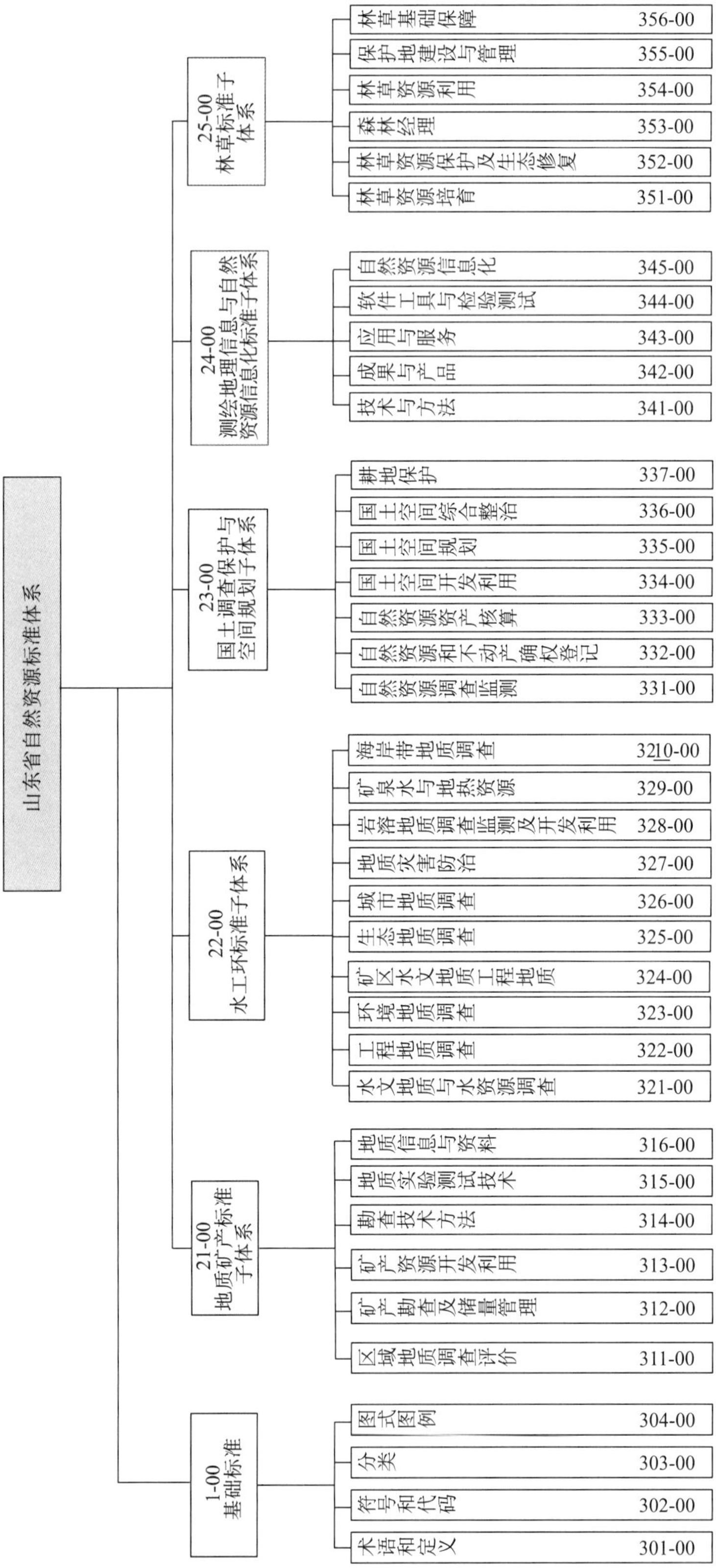

图4－1 山东省自然资源标准体系结构图

需要协调统一的技术事项和管理事项所制定的标准，代号 21－00。根据地质矿产工作内在联系及地质矿产行业的特点，结合自然资源部职能管理工作对标准的需求，以地质矿产工作业务生命周期为主、技术方法所属学科类型为辅，将子体系划分为区域地质调查评价 311－00、矿产资源勘查及储量管理 312－00、矿产资源开发利用 313－00、勘查技术方法 314－00、地质实验测试技术 315－00 和地质信息与资料 316－00（图 4－2）。

1）区域地质调查标准。按照调查对象划分为区域地质调查、矿产资源调查、矿产资源潜力评价三个门类。

2）矿产资源勘查及储量管理标准。按照矿产勘查及储量管理工作主要内容以及生态文明体制改革对矿产资源勘查工作要求划分为各类型矿种矿产勘查规范、绿色勘查、矿产加工及选冶性能、矿区技术经济评价、资源储量估算及储量报告编制五个门类。

3）矿产资源开发利用标准。依据矿产资源开发利用工作内容以及生态文明体制改革对矿产资源开发利用工作要求划分为矿山地质工作、矿产资源规划、矿产资源综合利用、矿山闭坑和绿色矿山建设等五个门类。

4）勘查技术方法标准。按照勘查技术手段划分为地球物理勘查、地球化学勘查、遥感地质调查、探矿工程和重砂测量等五个门类。

5）地质实验测试技术标准。包含岩石力学和物理性质测试以及按测试对象划分为岩石力学和物理性质测试以及岩石、矿石、沉积物（土壤）、天然水、生物（动植物）、油气及其他分析方法标准和标准物质七个门类。

6）地质信息与资料标准。包含成果地质资料、原始地质资料、实物地质资料等三个门类。

（三）水工环标准子体系

水工环标准子体系针对的是水文地质、工程地质、环境地质勘查和评价，监测、监督防止地下水过量开采和污染，矿区地质、城市地质、岩溶地质、海岸带地质调查勘查、评价，地质灾害预防和治理等专项工作中需要协调统一的技术事项和管理事项所制定的标准。水工环子体系代号为 22－00，按照工作内容划分为九个门类：水文地质和水资源调查 321－00、工程地质调查 322－00、环境地质调查监测标准 323－00、矿区水文地质工程地质 324－00、生态地质调查 325－00、城市地质调查 326－00、地质灾害防治 327－00、岩溶地质调查监测及开发利用 328－00、矿泉水和地热资源 329－00、海岸带地质调查 3210－00（图 4－3）。

1）水文地质和水资源调查标准。包括水文地质调查、地下水资源调查与评价、地下水环境监测、地下水资源开发利用等标准。

2）工程地质调查标准。包括区域工程地质调查、场址勘查等标准。

3）环境地质调查监测标准。包括地质环境监测、区域环境地质调查、矿山环境地质等标准。

4）矿区水文地质工程地质标准。包括煤矿、非煤矿矿区水文地质工程地质标准等标准。

5）生态地质调查标准。包括“双评价”地质调查、生态地质调查及修复、古生物化石与地质遗迹保护调查等标准。

6）城市地质调查标准。包括城市地质调查评价、城市三维地质模型、城市特色地质调查等标准。

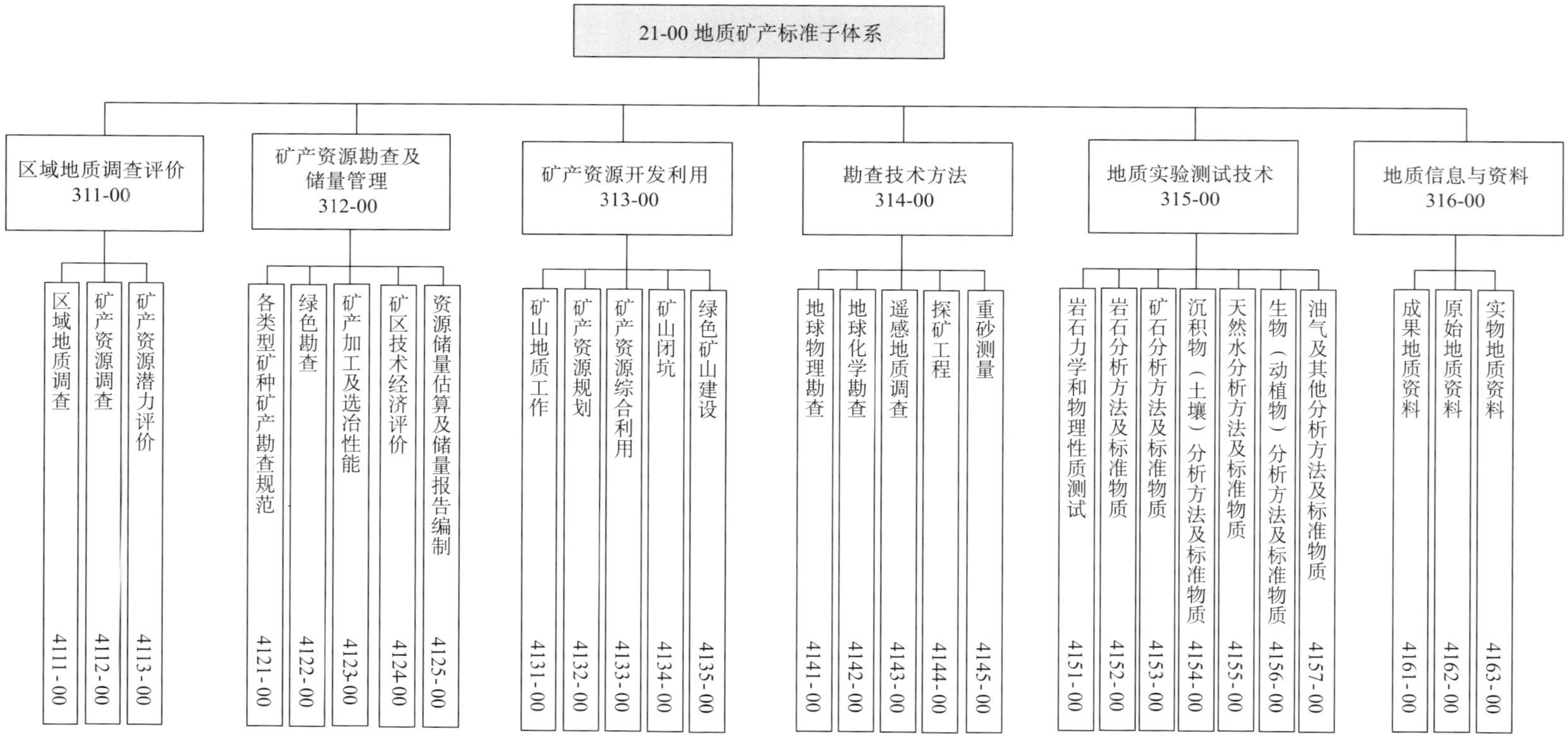

图 4－2　地质矿产标准子体系结构图

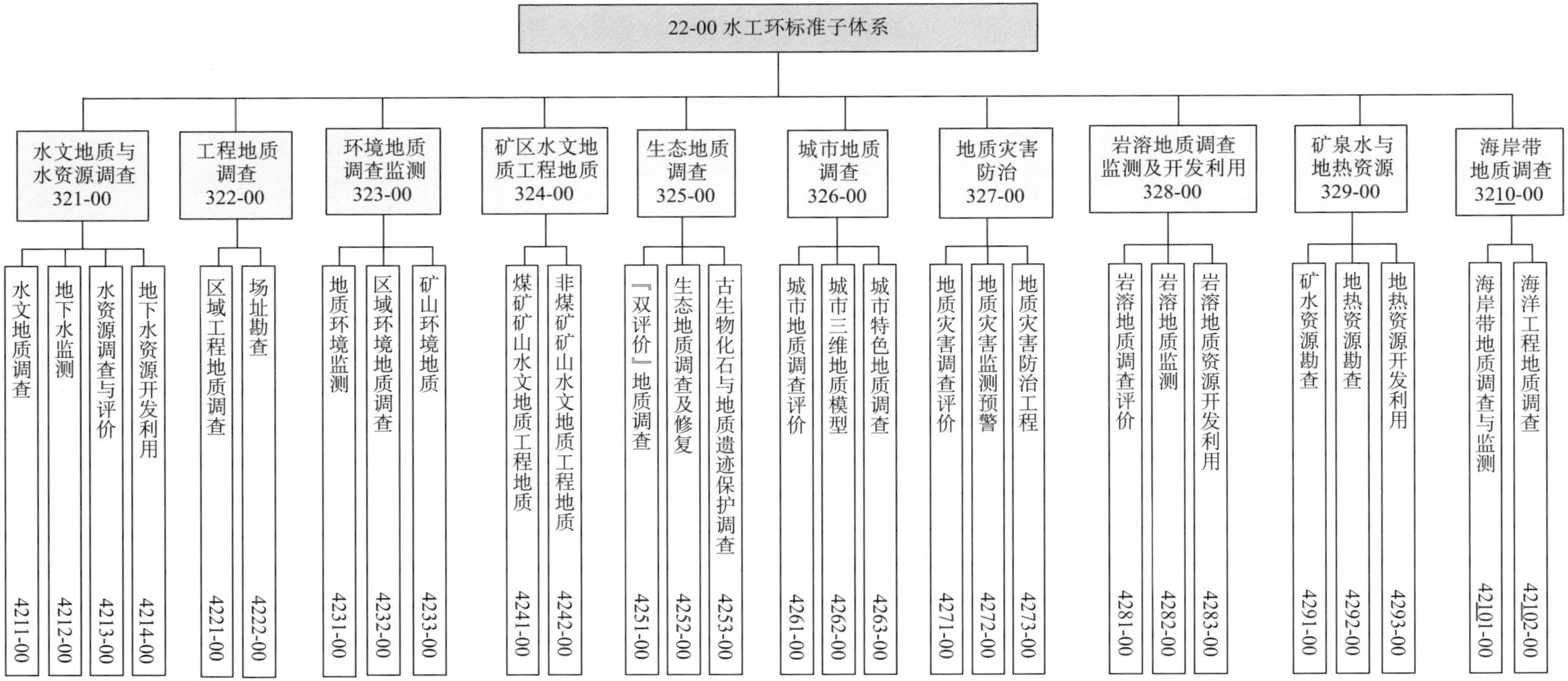

图 4－3　水工环标准子体系结构图

7）地质灾害防治标准。包括地质灾害调查评价、地质灾害监测预警、地质灾害防治工程等标准。

8）岩溶地质调查监测及开发利用标准。包括岩溶地质调查评价、岩溶地质监测和岩溶地质资源开发利用等标准。

9）矿泉水和地热资源标准。包括矿水资源勘查、地热资源勘查、地热资源开发利用等标准。

10）海岸带地质调查标准。包括海岸带地质调查与监测、海洋工程地质调查等标准。

（四）山东省国土调查保护与空间规划标准子体系

国土调查保护与空间规划标准代号 23－00，指在自然资源范围内综合使用、具有广泛指导意义的标准。根据自然资源部履行“两统一”职责要求和业务工作综合需求，结合“山水林田湖草”系统管理和各类空间规划融合的工作实际和特点，以自然资源管理工作业务生命周期为主，划分为自然资源调查监测 331－00、自然资源和不动产确权登记 332－00、自然资源资产核算 333－00、国土空间开发利用 334－00、国土空间规划 335－00、国土空间综合整治 336－00 和耕地保护 337－00（图 4－4）。

1）自然资源调查监测标准。主要规定自然资源调查、自然资源监测、自然资源分析评价、自然资源调查监测成果应用等标准。

2）自然资源和不动产确权登记标准。主要规定自然资源统一确权登记、不动产登记、自然资源和不动产确权登记资料管理等标准。

3）自然资源资产核算标准。主要规定土地资源资产清查、林草湿资源资产清查、矿产资源资产清查等标准。

4）国土空间开发利用标准。主要规定建设用地控制标准、土地分等定级价格评估、建设用地节约集约利用评价等标准。

5）国土空间规划标准。主要规定国土空间规划编制审批、国土空间规划实施评估和监测预警、国土空间规划用途管制、国土空间规划平台建设等标准。

6）国土空间综合整治标准。主要规定土地复垦、土地开发、土地整理、土地整治、全域土地综合整治等标准。

7）耕地保护标准。主要规定耕地保护监督、永久基本农田等标准。

（五）测绘地理信息与自然资源信息化标准子体系

测绘地理信息与自然资源信息化标准代号 24－00。从测绘和国家地理信息技术发展、事业转型升级和服务保障需求出发，兼顾现行测绘和国家地理信息国家标准和行业标准情况，以测绘和国家地理信息的获取、处理、量测、分析、管理、存储、表达、发布和应用服务整个业务生命周期为要素，从功能、信息、工程视角，将子体系划分为技术与方法 341－00、成果与产品 342－00、应用与服务 343－00、软件工具与检验测试 344－00、自然资源信息化345－00（图 4－5）。

1）技术与方法标准。主要规定测绘过程中的技术要求、参数和程序，支撑测绘成果按技术规范高效生产，包含大地测量、摄影测量与遥感、地图编制与印刷、海洋测绘、不动产测绘、界线测绘、工程测量七个门类。

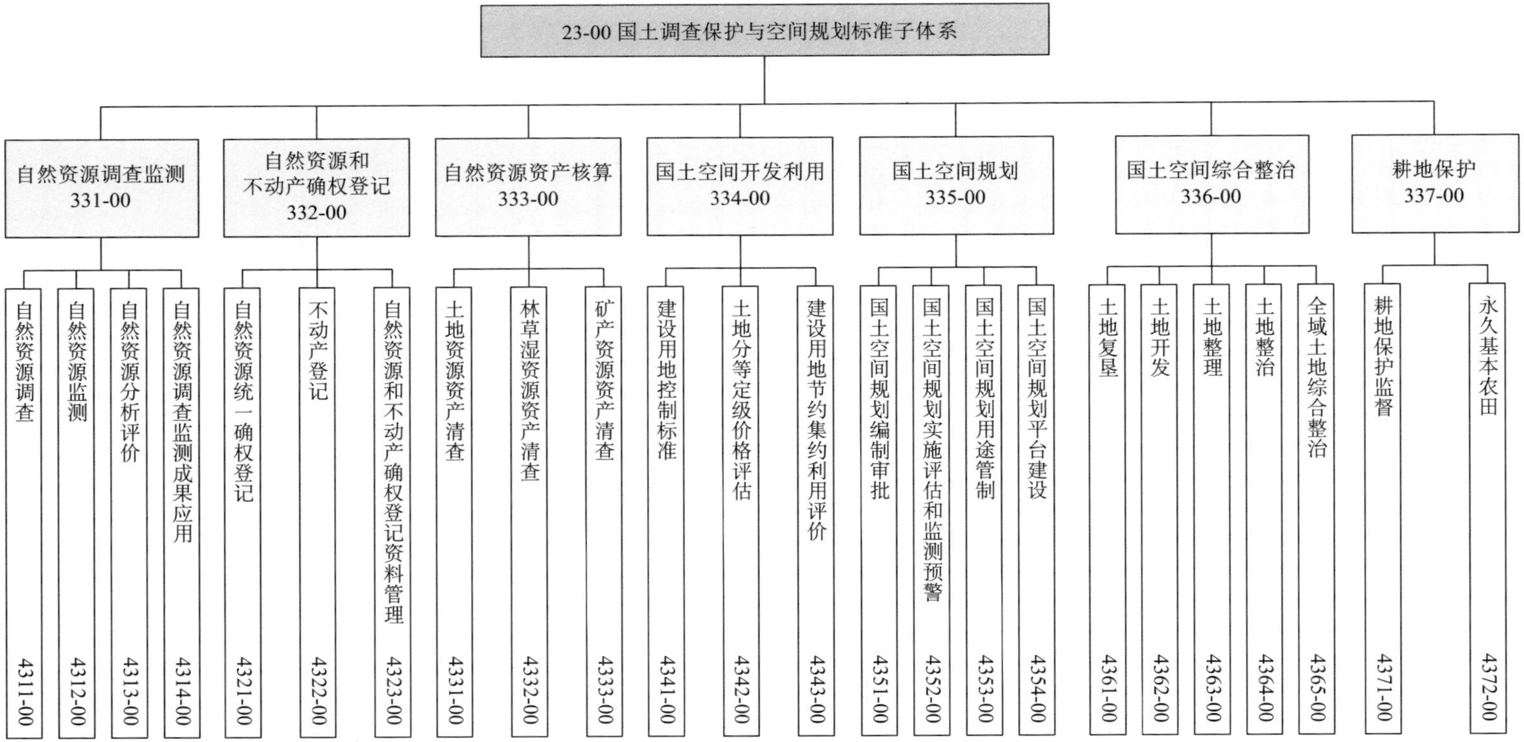

图 4－4　国土调查保护与空间规划标准子体系结构图

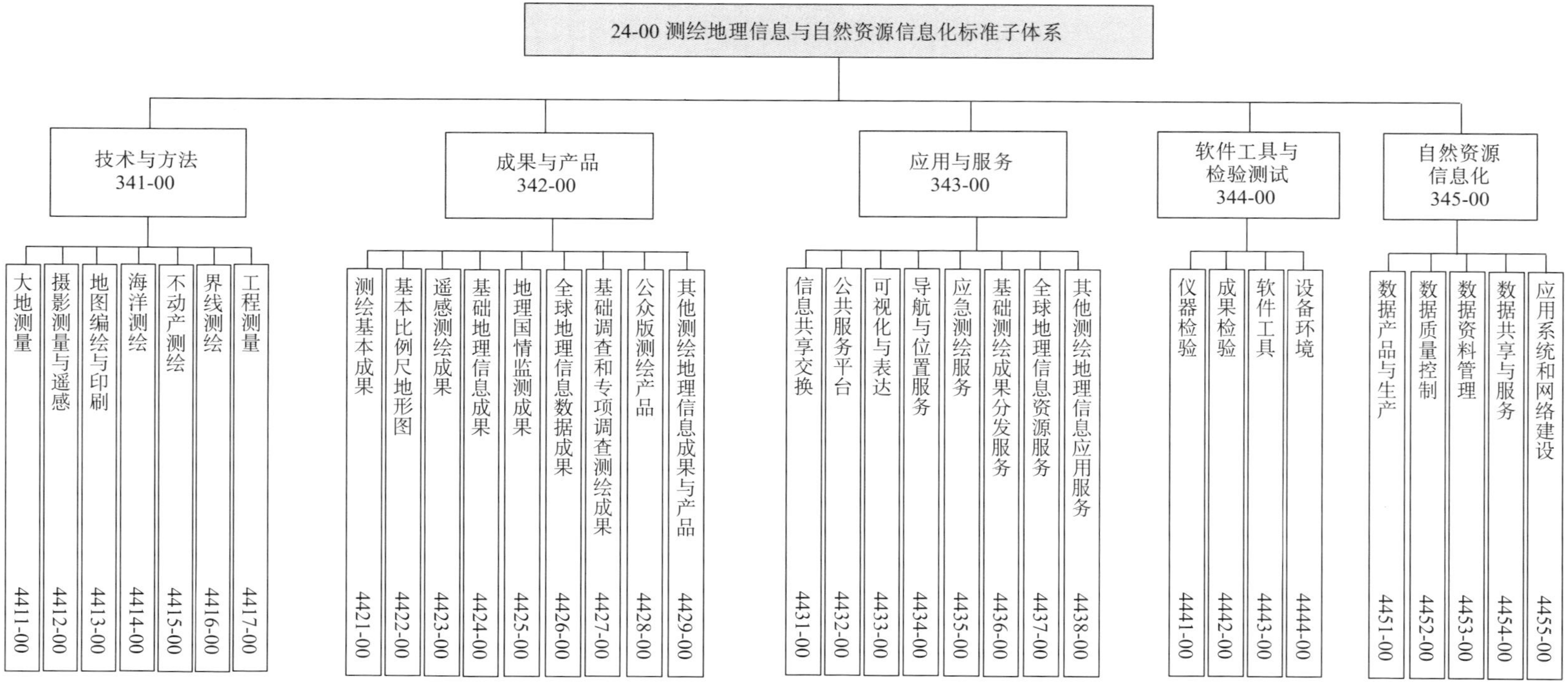

图 4－5　测绘地理信息与自然资源信息化标准子体系结构图

2）成果与产品标准。按测绘地理信息成果内容和分类划分，包含测绘基本成果、基本比例尺地形图、遥感测绘成果、基础地理信息成果、地理国情监测成果、全球地理信息数据成果、基础调查和专项调查测绘成果、公众版测绘成果、其他测绘地理信息成果与产品九个门类。

3）应用与服务标准。按测绘地理信息专题应用服务的方式和类型进行划分，包含信息共享交换、公共服务平台、可视化与表达、导航与位置服务、应急测绘服务、基础测绘成果分发服务、全球地理信息资源服务、其他测绘地理信息应用服务八个门类。

4）软件工具与检验测试标准。按软件工作和测绘检验测试所涉及内容和分类划分，包含仪器检验、成果检验、软件工具和设备环境四个门类。

5）自然资源信息化标准。按照自然资源信息化工作内容分为数据产品与生产、数据质量控制、数据资料管理、数据共享与服务、应用系统和网络建设五个门类。

（六）林草标准子体系

围绕新常态下林业生态建设、产业转型升级和林业治理工作对标准的需求构建了林草标准子体系，代号25－00。分为6个门类，林草资源培育351－00、林草资源保护与生态修复352－00、森林经理353－00、林草资源利用354－00、保护地建设与管理355－00、林草基础保障356－00（图4－6）。

1）林草资源培育标准。包含以下三个细分门类：①营造林。各种用途林营造、山水林田湖草综合治理、城乡绿化等标准。②林草花卉果种苗。林草花卉果良种培育、苗木繁育及栽培管理等标准。③森林、草地质量提升。森林和草地抚育、质量提升、退化林修复等标准。

2）林草资源保护及生态修复标准。包含以下三个细分门类：①林草种质资源保护。野生植物种质资源管理、野生植物人工培育、植物园等，以及野生动物资源管理、驯养繁育、栖息地恢复、动物园等标准。②林草有害生物防控。防治、检疫、监测预报、防治药剂等标准。③生态治理与修复。林草领域有关生态系统修复和生物多样性保护方面的标准。

3）森林经理标准。包含以下三个细分门类：①林草资源监测、规划。林草与监测、区域规划设计及实施等标准。②森林可持续经营。森林认证、非物质林产品认证、森林永续利用等标准。③森林管理。森林经营、采伐运输等标准。

4）林草资源利用标准。包含以下四个细分门类：①木材、草业加工。胶合板材、密度板材、纸浆材、重组木新材料、牧草等各种木材和草加工方面的标准。②经济林、草产品。经济林生产、加工及林下经济等标准。③森林文化与遗产保护。森林景区规划设计、风景资源评价、森林公园、森林生态旅游、森林康养、古树名木的保护与管理及林草自然与文化遗产等方面的标准。④林业能源。林业木本油料、生物质能源等标准。

5）保护地建设与管理标准。包含以下三个细分门类：①自然保护地。国家公园、自然保护地、风景名胜区、生态公益林的建设、管理、修复等方面的标准。②荒漠化。盐碱地改良、沙化土地整治、水土流失控制等标准。③湿地。湿地保护与恢复、湿地管理及国家重要湿地等标准。

6）林草基础保障标准。包含以下两个细分门类：①森林消防。森林消防管理、技术、工程等标准。②生物安全。外来生物安全、转基因安全等标准。

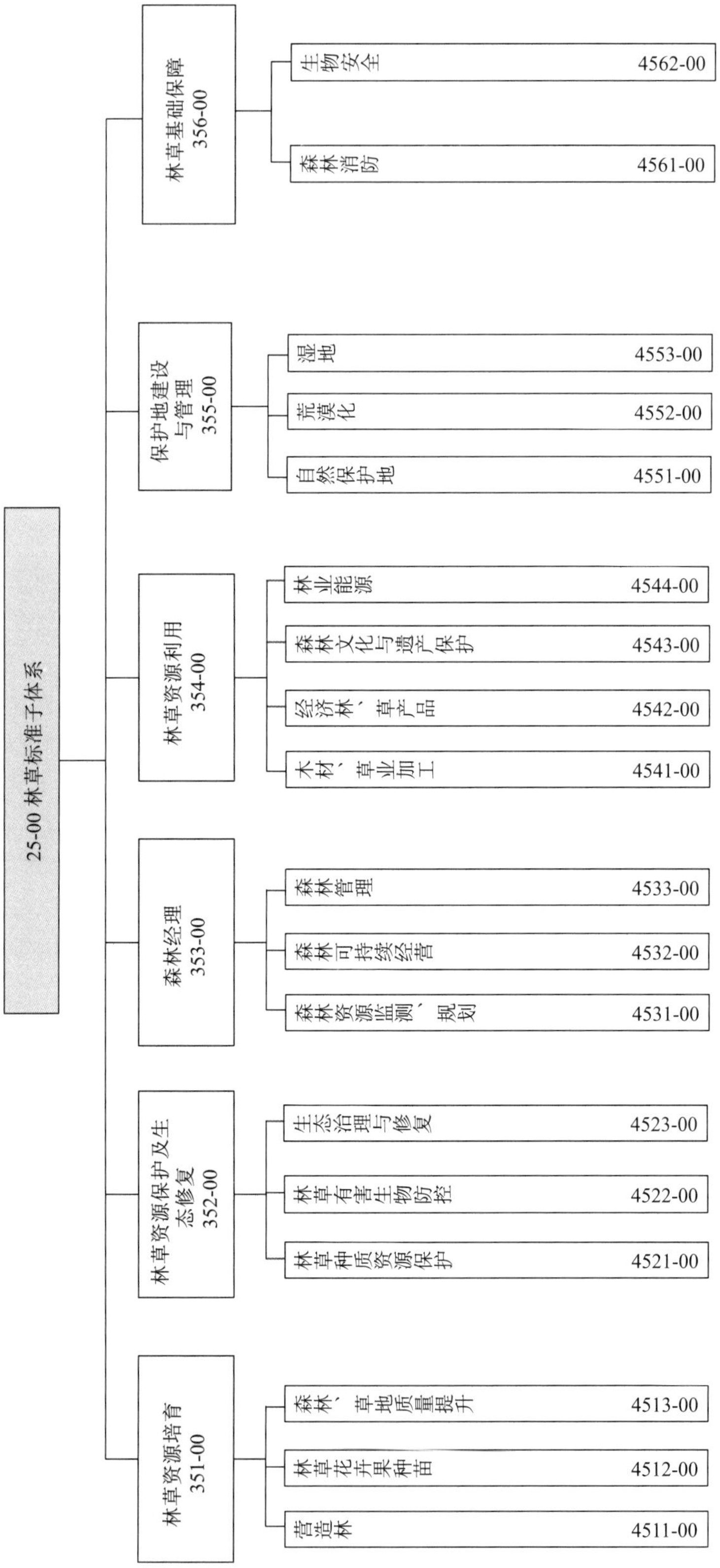

图 4－6　林草标准子体系结构图

第五章　山东省自然资源标准体系建设中长期发展规划建议

自然资源标准体系是自然资源标准制（修）订中长期规划与年度计划编制的主要依据。近年来，山东省标委会及其各分委会认真落实年度标准化工作部署，以标准技术体系和组织体系建设为重点，开拓创新，多方合作打造具有山东特色的自然资源标准体系，为本次研究的开展奠定了坚实基础。本次研究系统总结梳理了当前山东省自然资源地方标准现状，对纳入标准体系范围内的现行有效标准、正在制（修）订标准和未来几年内需要制（修）订的标准进行了收集汇总，并对其适用情况、内容交叉重复性问题、公布年限、协调性等方面开展了进一步筛选，重点围绕中长期发展对山东省自然资源标准化及标准体系研究提出的新要求及新挑战，提出了自然资源标准体系各领域中长期发展规划建议和重点制（修）订方向。

第一节　地质矿产标准发展规划建议

为推动山东省区域地质调查、海洋地质调查、矿产资源勘查及矿山储量动态监督管理、地质实验测试技术、勘查技术方法等地质矿产领域标准化，建议重点制（修）订以下标准（表5－1）。

表5－1　地质矿产标准制（修）订方向

序号	一级	二级	标准制（修）订方向
1	区域地质调查评价	区域地质调查	城市地质调查方面
2	矿产资源勘查及储量管理	各类型矿种矿产勘查	电气石矿地质勘查方面
			自然硫矿地质勘查方面
			高钙石矿地质勘查方面
			砭石矿地质勘查方面
			盐湖、盐类地质钻探方面
3		矿产加工及选冶性能	盐湖、盐类动态监测方面
4		矿区技术经济评价	矿区水工环勘查方面
5		矿区水工环勘查	油砂地质勘查方面
6		资源储量估算及储量报告编制	页岩气调查评价技术要求方面
7	矿产资源开发利用	矿山开采设计	地热资源评价技术要求方面
8		绿色矿山建设	智能矿山建设规范方面
9		绿色勘查	钻探绿色勘查质量验收方面

续表

序号	一级	二级	标准制（修）订方向
10	勘查技术方法	地球物理勘查	井下瞬变电磁法技术方面
			井下电法技术方面
			井下透视法技术方面
			煤矿采区三维地震勘探方面
11		地球化学勘查	山东省天然富硒勘查方面
			山东省城市环境地球化学调查与评价技术方面
12		遥感地质调查	航空多光谱遥感（ATM）数据找矿预测方面
13		探矿工程	石油钻机方面
			泥浆材料技术方面
			泥浆配置与使用方面
			三维地质可视化找矿信息提取与预测技术方面
			三维地质建模数据库建设与管理方面
			基于地质变异度的三维可视化预测技术方面
			三维地质可视化找矿预测与二维平面预测对接技术方面
			三维地质可视化找矿预测数据库建设方面
			三维地质可视化找矿预测实体模型构建方面
14	地质实验测试技术	岩矿分析方法及标准物质	菱镁矿主、微量元素分析方法方面
			蛇纹岩主、微量元素分析方法方面
			锰矿石物相分析方法方面
			金矿工艺矿物学参数自动检测技术方面
15		岩石力学和物理性质测试	矿物蚀变信息定量分析方面
			蚀变矿物红外光谱探测方面
16		沉积物（土壤）分析方法及标准物质	土壤可提取态分析方法和标准物质方面
			土壤标准物质研究方面
			土壤和沉积物 石油类的测定 紫外分光光度法方面
			土壤和沉积物 六价铬的测定 二苯碳酰二肼分光光度法方面
			土壤和沉积物 苯胺类的测定 气相色谱－质谱法方面
			土壤有效钼的测定 电感耦合等离子体质谱法方面
			土壤有机碳含量的测定 燃烧－红外吸收光谱法方面
17		天然水分析方法及标准物质	水质总硫的测定方面
			电感耦合等离子体光谱法方面
18		生物（动植物）分析方法及标准物质	植物碘的测定方面
			电感耦合等离子体质谱法方面
19		煤分析方法及标准物质	煤炭标准物质研制方面

续表

序号	一级	二级	标准制（修）订方向
20	地质信息与资料	实物地质资料标准	实物地质资料数字化方面
			实物地质资料入库管理方面

第二节　水工环标准发展规划建议

为推动山东省水工环地质、灾害地质、矿山地质、生态环境地质等领域标准化工作，建议重点制（修）订以下标准（表5－2）。

表5－2　水工环标准制（修）订方向

序号	一级	二级	标准制（修）订方向
1	水文地质与水资源调查	水文地质调查	水资源调查与评价方面
2		地下水监测	地下水开发利用技术规程方面
3		水资源调查与评价	海岛及附近海域水文地质调查技术方面
4		地下水资源开发利用	矿山及深层地下水监测方面
			地下水源热泵开发技术方面
5	工程地质调查	区域工程地质调查	场地地面稳定性评价技术方面
			矿山采空区工程地质调查方面
6		场址勘查	采空区勘查技术方面
7	环境地质调查监测	地质环境监测	煤矿聚集区地质环境监测方面
8		区域环境地质调查	重大工程项目地质环境监测方面
			自然保护地生态环境地质调查方面
9		矿山环境地质	矿山地质环境调查评价方面
10	矿区水文地质工程地质	煤矿矿山水文地质工程地质	加强沉陷对地层结构破坏研究方面
			加强对地下水串层污染研究方面
			补充水文地质孔成孔技术要求方面
			补充抽水试验技术要求方面
			补充开矿对地质环境的影响评价方面
11		非煤矿矿山水文地质工程地质	非煤矿矿山水文地质工程地质调查方面
12	生态地质调查	“双评价”地质调查	“双评价”地质调查方面
13		生态地质调查及修复	生态地质调查方面
			生态地质修复方面
14		古生物化石与地质遗迹保护调查	山东省古生物化石挖掘技术要求及取费方面

续表

序号	一级	二级	标准制（修）订方向
15	城市地质调查	城市地质调查评价	山东省城市地质调查方面
			山东省城市地质钻孔汇交技术方面
			山东省城市地下空间调查技术方面
16		城市三维地质模型	城市三维地质模型方面
			城市地下空间资源调查方面
17		城市特色地质资源	旅游地质、特色地质资源开发与保护等方面
18	地质灾害防治	地质灾害调查评价	岩溶塌陷地质灾害调查评价方面
19		地质灾害监测预警	山东省地质灾害监测预警技术方面
20	岩溶地质调查监测及开发利用	岩溶地质调查评价	岩溶地质环境调查评价方面
			岩溶景观资源调查方面
			岩溶塌陷监测技术方面
21		岩溶地质监测	岩溶地下水监测方面
22		岩溶地质资源开发利用	岩溶地下水资源开发利用评价方面
23	矿泉水与地热资源	地热资源勘查	地热水动态监测方面
24	海岸带地质调查	海岸带地质调查与监测	海岸带生态地质环境调查与修复方面
			海岸带地质灾害监测与评价方面
			海岸带自然资源调查与评价方面
			海岸带数据库系统建设方面

第三节　国土调查保护与空间规划标准发展规划建议

积极推进落实《山东省“十四五”自然资源保护和利用规划》，修订完善各级各类国土空间规划编制指南和技术规程。建立技术标准体系动态调整机制，加强与法规政策体系的衔接。推进《山东省市县国土空间总体规划编制技术标准》《山东省乡镇国土空间总体规划编制技术标准》《山东省村庄规划编制技术标准》等三项国土空间规划技术标准制定。同时，为推动山东省自然资源调查监测、自然资源和不动产确权登记、国土空间开发利用、国土空间规划、国土空间用途管制、国土空间生态修复、耕地保护监督等国土调查保护与空间规划领域标准化工作，建议重点制（修）订以下标准（表5－3）。

表5－3　国土调查保护与空间规划地方标准制（修）订重点方向

序号	一级	二级	标准制（修）订方向
1	自然资源调查监测评价	自然资源调查	自然资源基础调查方面
2		自然资源监测	自然资源专项调查方面
3		自然资源调查监测评价指标体系	自然资源调查监测标准体系及数据转换研究方面
4		自然资源调查监测成果应用	自然资源调查监测数据成果应用方面

续表

序号	一级	二级	标准制（修）订方向
5	自然资源和不动产统一确权登记	自然资源统一确权登记	自然资源统一确权登记地籍调查、成果质量控制、数据库平台建设方面
6		不动产登记	不动产登记成果质量控制方面
			不动产地籍调查方面
7		自然资源和不动产登记资料管理	自然资源和不动产统一确权登记资料收集、整理、共享、汇交管理方面
8	自然资源资产核算	自然资源资产统计与核算	资产负债表编制方面
9	国土空间开发利用	建设用地控制标准	产业用地方面
			农村产业融合发展用地方面
10		土地分等定级价格评估	成果核查技术方面
11		建设用地节约集约利用评价	城镇低效用地再开发技术方面
12	国土空间规划	国土空间规划编制审批	总体规划、专项规划、详细规划编制方面
13		国土空间规划实施和评估	国土空间规划监测、体检、评估和预警体系方面
14		三条控制线划定	生态保护红线、永久基本农田、城镇开发边界等控制线管控方面
15		国土空间规划用途管制	国土空间规划用途管制方面
16		国土空间规划平台建设	国土空间规划信息化、成果备案、数据质量控制方面
17	国土空间综合整治	土地整理	水田竣工验收方面
18		土地整治	土地整治工程建设标准（修订）
			土地整治竣工验收方面
			土地整治项目工程后期管护方面
19		全域土地综合整治	全域土地综合整治规划编制、成果备案等方面
20	耕地保护	耕地保护监督	耕作层破坏认定方面
			补充耕地项目备案入库方面
			耕地进出平衡方面
21		永久基本农田	重大项目建设占用永久基本农田补划等方面

第四节　测绘地理信息与自然资源信息化标准发展规划建议

按照《数字山东发展规划（2018—2022 年）》提到的构建完善数据资源体系、实施重点突破行动、推进社会治理数字化转型等重点任务要求，需要加强空间地理数据资源的采集汇聚，完善空间地理信息资源库，加强动态数据更新，加快公共数据资源有序开放与共享，结合测绘地理信息与自然资源信息化标准工作实际，建议重点制（修）订以下标准（表 5－4）。

表5-4　测绘地理信息与自然资源信息化标准制（修）订方向

序号	一级	二级	标准制（修）订方向
1	技术与方法	摄影测量与遥感	实景三维数据获取与处理方面
2			新型基础测绘、实景三维数据方面
3		地图编绘与印刷	省级、设区市、县（市、区）标准地图（交通、政区、旅游、自然地理、水系）编制方面
			省级、设区市、县（市、区）政务用图编制方面
4		海洋测绘	近海、潮间带、内陆等水下地形测量方面
			海岸线采集方面
5		不动产测绘	三维不动产测绘数据获取与处理方面
6	成果与产品	成果检验	成果检验方面
7		新型基础测绘	新型基础测绘数据产品方面
8	应用与服务	应急测绘服务	应急地图编制及信息系统方面
9		基础测绘成果分发服务	测绘成果分发基础目录方面
10	软件工具与检验测试	检验测试	省级测绘产品监督检查方面
11	自然资源信息化	数据资料管理	测绘成果归档管理方面
12			自然资源大数据体系建设方面
13			自然资源一体化数据库建设方面
14			自然资源数据挖掘治理方面
15			自然资源数据质量控制方面
16			自然资源数据汇聚更新方面
17		数据共享应用	自然资源数据成果共享开放方面
18			自然资源数据脱敏脱密方面
19			自然资源一体化数据支撑方面
20			自然资源专题数据产品制作方面
21			二、三维数据可视化展示与应用方面
22			数据运行维护方面
23		应用系统建设	自然资源一体化政务服务建设方面
24			自然资源一体化监测监管建设方面
25			自然资源一体化综合指挥建设方面
26			业务应用系统设计方面
27			业务应用系统建设实施方面
28			业务应用系统接口方面
29			系统运行维护方面
30			专业算法方面
31			遥感监测技术与信息化结合应用方面
32		信息化管理	信息化建设成效评价评估方面
33			信息化建设项目监理方面
34			信息化建设成果归档管理方面

第五节　林草标准建议

根据山东省自然资源厅要求，结合山东省经济社会发展和林业建设的实际，以林业生态工程建设和生态安全为重点，坚持科技与生产相结合，增强林草标准的服务功能，着力加强国土绿化标准、生物多样性、森林资源培育、林草有害生物防控等重点领域标准化建设，建议重点制（修）订以下标准（表5－5）。

表5－5　林草标准制（修）订方向

序号	一级	二级	标准制（修）订方向
1	林草资源培育	营造林	各种用途林营造、城乡绿化
2		林草花卉果种苗	林草花卉果良种培育、苗木繁育及栽培管理
3		森林、草地质量提升	森林和草地抚育、质量提升、退化林修复
4	林草资源保护及生态修复	林草种质资源保护	野生植物种质资源管理、野生植物人工培育、植物园等，以及野生动物资源管理、驯养繁育、栖息地恢复、动物园
5		林草有害生物防控	防治、检疫、监测预报、防治药剂
6		生态治理与修复	典型生态脆弱区生态修复、山水林田湖草综合治理
7	森林经理	森林资源监测、规划	林业调查与监测、区域规划设计及实施
8		森林可持续经营	森林认证、非物质林产品认证、森林永续利用
9		森林管理	各种森林经营管理、采伐运输
10	林草资源利用	木材、草业加工	胶合板材、密度板材、纸浆材、重组木新材料等各种木材加工及天然或人工牧草收获、加工及检测
11		经济林、草产品	经济林、草产品生产加工及林下经济
12		森林文化与遗产保护	森林景区规划设计、风景资源评价、森林公园、森林生态旅游、森林康养、古树名木的保护与管理及林业自然与文化遗产
13		林业能源	林业木本油料、生物质能源
14	保护地建设与管理	湿地	湿地保护与恢复、湿地管理、国家重要湿地、湿地公园建设与管理
15		自然保护地	国家公园、自然保护地、风景名胜区、生态公益林的建设、管理、修复
16		荒漠化	盐碱地改良、沙化土地整治、水土流失控制
17	林草基础保障	森林消防	森林消防管理、技术、工程
18		生物安全	外来生物安全、转基因安全

第六章　山东省自然资源标准体系建设的发展路径

结合习总书记近期一系列标准化方面的讲话和论述，凸显自然资源标准化在国家治理体系和治理能力现代化建设工作中的重要地位，为了进一步自然资源领域标准化需要通过进一步加强标准化顶层设计，围绕构建推动高质量发展标准体系的需要，开展系统性、前瞻性的标准体系建设、战略性研究和布局，提出自然资源领域标准化发展的路径、措施，以指导自然资源标准化工作长远发展，夯实高质量发展的技术基础。全面把握新发展阶段新机遇和新挑战，贯彻落实《国家标准化发展纲要》及《山东省标准化条例》，构建支撑山东省自然资源高质量发展的标准体系，本次研究结合山东省自然资源标准化建设现状和存在的问题，提出针对性对策建议和路径举措，以期打造山东省自然资源标准体系，科学规范开展自然资源标准化工作，全面实施自然资源标准全链条管理，促进山东省自然资源标准化工作迈上新台阶。

第一节　健全完善自然资源标准体系地方法规政策体系

自然资源作为高质量发展的重要供给，亟须夯实标准化立法及政策基石，发挥好自然资源法治对自然资源标准化管理改革的引领和保障作用。依据《中华人民共和国标准化法》《中华人民共和国标准化法实施条例》《自然资源标准化管理办法》等标准化法律规范，结合《山东省自然资源标准化条例》及《山东省自然资源标准体系高质量发展促进条例》，需要进一步规范全省自然资源的开发利用和保护，需要联合省级标准化主管部门制定出台《山东省自然资源标准化工作指导意见》等政策文件，明确山东省自然资源标准化工作的基本原则、工作目标和重点任务，对自然资源标准体系构建提出宏观指导，规划地质矿产、水工环、国土调查保护与空间规划、测绘地理信息与自然资源信息化、林草等重点领域的标准化方向，以及山水林田湖草生态保护修复、自然资源数字化、国土空间规划、林草资源培育及生态保护、自然资源确权和不动产登记等专项标准化工作，发挥标准在自然资源工作中的基础性、战略性、引领性作用，推动全省自然资源的标准制（修）订、标准实施推广、标准评价、标准化试点示范、标准宣贯培训、标准复审等工作有序开展；需要建立技术标准体系动态调整机制，加强与法规政策体系的衔接。

第二节　实施标准化基础能力及技术提升工程

加强自然资源标准化理论和应用研究，构建以省级综合标准化研究机构为龙头，自然资源部门和地方标准化研究机构为骨干的标准化科技体系。发挥优势企业在标准化科技体系中的作用。完善专业标准化技术组织体系，健全跨领域工作机制，提升开放性和透明度。有效整合标准技术、检测认证、知识产权、标准样品等资源，发展机器可读标准、开源标准，推动标准化工作向数字化、网络化、智能化转型。深入实施“数字赋能”工程，围绕自然资源全业务，构建统一标准体系，建立三维立体的自然资源“一张图”，实现与应急管理、生态环境、农业农村等其他政府部门信息平台的互联互通、数据共享。以整体提升标准化发展的基础能力为目标，推进标准化核心工作能力、人才培养模式和技术支撑体系建设，发挥好标准在产业发展、行业管理和社会治理中的支撑作用。围绕标准化科研机构、标准创新基地和标准化信息化建设，加强标准化技术支撑体系建设。加强标准化科研机构能力建设，系统开展标准化理论、方法和技术研究，夯实标准化发展基础。进一步加强标准化信息化建设，利用大数据技术凝练标准化需求，开展标准实施效果评价，建成支撑标准化管理和全面提供标准化信息服务的全国标准信息网络平台。

基础研究是培育未来可持续创新能力的重要方向，重视并加强基础理论研究，是推动山东省自然资源标准化工作高水平发展的基础和保证。始终瞄准国外先进自然资源领域研究前沿，深耕山东特色的自然资源领域基础研究工作，提升基础理论创新能力，在标准化理论、系统论等方面多出理论创新成果，争创国内自然资源标准化研究创新高地；同时加强与ISO/TC 82、ISO/TC 8/SC 13等相关国际标准化组织、协会、学会和标准化技术委员会的联系，完善对接机制，建立沟通渠道，推动标准化对外合作交流。

第三节　建立自然资源标准体系动态优化机制

标准体系是一定范围内的标准按其内在联系形成的科学有机整体，应包括现有、应有和预计发展的标准，是制（修）订标准化发展规划和计划的重要依据（申文金等，2019）。为此，需要加强相关机制和制度建设，由省标委会及其各分委会和相关单位密切配合，充分发挥其各分委会委员和技术专家的作用，积极调动各方力量，整合利用现有资源，建立自然资源标准体系动态优化机制，确保自然资源标准体系有效实施。包括：

第一，编制自然资源领域标准制（修）订年度计划。将自然资源标准制（修）订工作纳入各级相关部门科研计划，开展前瞻性的标准研究和关键技术标准研制工作，通过年度标准制（修）订工作计划的实施，积极开展相关标准的研制及修订，并定期更新维护好标准明细表，动态优化完善自然资源标准体系。同时优化运行管理，提高标准制（修）订工作效率。依托省标委会及其各分委会的技术支撑力量，充分使用标准信息化管理，利用信息服务平台、微信公众号以及相关APP等工具（手段）提高标准制（修）订工作的公开性和透明度，并通过优化标准制（修）订和审批流程，缩短标准制（修）订周期，在保证标准质量的前提下加快标准更新速度。

第二，建设山东省自然资源标准库。自然资源标准库是自然资源标准体系的重要组成部分，也是系统化、科学化管理和利用自然资源标准的重要内容之一，对于促进自然资源信息化建设，进一步提高宏观管理和决策水平，提升可持续高质量发展能力具有重要意义。鉴此，建议围绕地质矿产、水工环、国土调查保护与空间规划、测绘地理信息与自然资源信息化、林草等五大专业领域的自然资源现行有效标准，包括国家标准、行业标准、山东省地方标准，依据完整性等原则建库。搭建跨部门协同的工作体系和自然资源标准共享机制，依据自然资源标准共享交换网络服务体系、目录服务体系的模式，尽快建设标准化、规模化、可持续更新的基础性、战略性的山东省自然资源标准库。

第三，提高自然资源标准体系覆盖面及补充更新标准条目。全面梳理自然资源领域标准，形成涵盖国家标准、行业标准、地方标准、团体标准的具有山东特色的自然资源标准体系。坚持以高标准引领高质量，对标国际先进标准，秉持全面覆盖的原则，弥补标准缺口，构建覆盖山东省自然资源管理工作所涉及的各个领域和内容的标准体系。针对目前标准体系中的标准明细表和标准库的不完善之处，尽快制定或补充完善相关标准条目，及时跟踪、更新、修订时间周期较长的标准条目。

第四，创设自然资源标准全生命周期规范化管理流程。标准的贯彻执行是标准化工作的重要组成部分，标准制定是为了使用，使用要宣贯先行，发现问题要评估，复审后要修订，过时的要废止，标准化工作是一项闭环的动态性工作。根据《山东省地方标准管理办法》相关要求，省级标准化行政主管部门依法统一管理本省地方标准工作，负责地方标准的立项、审查、编号、发布、废止等工作。省厅、省标委会及其各分委会负责指导自然资源地方标准的起草、征求意见、审查、宣贯、评估和修订等工作。因此，建议建立省自然资源领域标准编写与制（修）订规范化流程，出台标准的“预研—立项—起草—征求意见—审查—报批—发布—宣贯—评估—复审—修订或废止”的全生命周期规范化流程管理办法。

第四节　加强标准宣贯推广和社会化服务及对外合作交流

一、改进标准宣贯方法

全面推进自然资源标准化宣贯工作制度化、规范化和科学化发展，进一步完善自然资源标准化宣贯管理制度，制定宣贯相关管理规定，明确标准宣贯工作各方职责任务（赵国君等，2020）。依托省标委会及其各分委会，强化标准化培训，加强自然资源标准化组织建设，规范标准制（修）订、实施和推广应用。一方面，做好宣贯需求调研，精准宣贯对象，开展有针对性的标准宣贯工作，并注意加强标准宣贯总结，探索建立宣贯工作成果评价机制，提升宣贯工作质量；另一方面，改进标准宣贯方法，丰富宣贯方式，多途径开展宣贯工作，尤其要加强技术标准的宣贯力度。建议面向自然资源标准化各级管理人员、委员及有关专家，省标委会每年至少举办两期标准化知识培训班，尤其强化重点领域标准宣贯实施，依据省标委会及其各分委会拟定的宣贯计划，每年至少举办一期针对重要技术标准的解读宣贯培训，并突出政府和企业在推动自然资源标准实施中的作用，引导企事业单位在生产经营过程中将标准作为重要依据，促进标准实施。建设省级自然资源标准化服务平台，尽快依托相关标准研究院、大数据中心等单位建成涵盖自然资源全部国家标准、行业标准和地方标准，且自动实时更新的标准图书馆，通过该平台预留端口，可直接挂接到山东省自然资源厅官网或其他从事自然资源服务单位的官网；加强自然资源“标准汇编”工作，根据现行的自然资源标准，按照标准体系框架进行实时汇编，定期发布，以便于线下查阅和使用；加强标准宣传工作，以每年的世界标准日（10 月 14 日）为契机，举办标准化展览，为公众普及标准化知识、宣传标准化法规、倡导标准化理念，扩大自然资源标准化工作的社会影响力；做好新发布标准的及时公开和解读，尤其是地方标准，要保证从业人员能够准确地理解标准、掌握标准，进而正确地使用标准。

二、提升标准化服务能力

建立完善标准化服务体系。拓展自然资源标准研发服务，开展标准技术内容和编制方法咨询，为企业制定标准提供国内外相关标准分析研究、关键技术指标试验验证等专业化服务，提高其标准的编制质量和水平。提供标准实施咨询服务，为企业实施标准提供定制化技术解决方案，指导企业正确、有效地执行标准。畅通企业参与国际标准化工作渠道，帮助企业实质性参与国际标准化活动，提升企业国际影响力和竞争力。

搭建便于快速查询使用的标准化信息服务平台，争取与国家自然资源标准化信息服务平台实现数据接口对接，并设置不同的功能模块，实现现行自然资源国家标准、行业标准和山东省地方标准的全文信息在线查询、阅读功能，实现地方标准从提案申请、立项、起草、征求意见、审查、批准、发布实施、复审、废止等全生命周期管理流程的网络化、信息化，实现山东省自然资源标准化工作“全流程”“全公开”“一站式”和“可溯源”，实现省标委会及其各分委会和相关委员、专家等信息的统一管理，实现技术委员会基本信息填报、委员会换届调整、委员调整、年度报告、电子投票等基础工作的系统管理，实现标准化工作动态实时发布、标准化工作意见和建议反馈等透明化管理，提高自然资源标准化管理工作、技术咨询与服务的效率和质量。同时强化标准化管理，充分发挥山东省自然资源各级主管部门、标准化技术委员会、行业协会和学会的作用，通过打造的标准数字化信息服务 + 管理创新平台，既提供山东省地方标准全文数据库信息检索、标准查新等信息共享服务功能，又能实现标准跟踪、标准水平评价、标准制（修）订过程的在线管理等标准化管理功能，提高标准化数字信息公共服务能力与管理水平。

鼓励地方规范成果进行标准化转化。以绿色矿山建设为例，近年来，山东省坚持以习近平新时代中国特色社会主义思想为指导，积极践行“绿水青山就是金山银山”的理念，结合国土资源节约集约示范省创建，整体谋划、示范引领，强力推动绿色矿山建设，初步形成了政府引导、部门联动、企业主建、第三方评估、社会监督的绿色勘查和绿色矿山建设工作体系，取得了明显成效，特别是制定了《山东省绿色矿山建设技术规范》，明确了煤、铁、金、饰面石材、建筑石料、非金属矿、地热矿泉水等七项绿色矿山建设地方标准，制定了《山东省绿色勘查技术要求（试行）》，全面实行绿色勘查，淄博市还印发了《淄博市绿色矿山建设技术要求》，潍坊市发布了“天然卤水绿色矿山建设标准”等，建议鼓励对此类规范要求的梳理和调研工作，提炼可复制、可推广的试点经验，将其转化为地方标准或行业标准甚至国家标准，纳入省自然资源标准体系进行管理，进一步提高标准体系对自然资源管理和技术工作的支撑能力。

三、实施标准国际化跃升工程，发挥对“一带一路”建设的标准支撑

实施标准国际化跃升工程，推进中国标准与国际标准体系兼容。推动标准制定制度开放，保障外商投资企业依法参与标准制定。支持企业、社会团体、科研机构等积极参与各类国际性专业标准组织。围绕自然资源管理职责，积极承担或参与国家标准、行业标准制

（修）订工作，组织开展相关标准的预研工作，研制一批自然资源事业发展亟须的高质量标准，争取把一批特色鲜明、接受度高、创新性好、成效显著的地方标准上升为国家标准、行业标准乃至国际标准，把山东省自然资源标准模式推向全国乃至全世界，助力生态文明建设，并积极参与国际标准化活动，且在标准研制过程中还应研究各类相关标准，充分吸纳非自然资源领域归口标准的内容，制定本领域适用的标准。

积极发挥自然资源标准化对“一带一路”建设的服务支撑作用，促进沿线国家在政策沟通、设施联通、贸易畅通等方面的互联互通。深化与欧盟国家、美国、俄罗斯等在经贸、科技合作框架内的标准化合作机制。推进山东省与太平洋地区、东盟、东北亚等区域标准化合作，服务亚太经济一体化。探索建立金砖国家标准化合作新机制。加大与非洲、拉美等地区标准化合作力度。

第五节　完善自然资源标准化建设组织体系

一、加强组织领导和顶层设计

自然资源标准体系构建的顶层设计工作对于统筹指导山东省自然资源标准的制（修）订，有效支撑省厅履行“三定方案”职责起着举足轻重的作用。坚持党对标准化工作的全面领导，形成健全统一、权威、高效的管理体制和工作机制。

一是完善标准化制度顶层设计。依据《中华人民共和国标准化法》《中华人民共和国标准化法实施条例》《自然资源标准化管理办法》《山东省标准化条例》等标准化法律规范，落实《山东省地方标准管理办法》《山东省标准化专业技术委员会管理办法》，优化省标委会《章程》《秘书处工作细则》等工作制度。它们是省自然资源标准化工作的根本制度，和标准化组织体系、标准体系一起，共同构成自然资源标准化工作的顶层设计。立足当下，对自然资源标准化工作进行自上而下的统一谋划，通过将标准化工作纳入自然资源事业发展规划、编制年度标准制（修）订计划等，引领一个时期的自然资源标准化工作重点，从而推动标准体系的科学合理布局，解决现阶段自然资源标准数量相对庞大，供需不平衡不充分、标准系统性协调性不强、各领域标准化水平不均衡、标准文本质量偏弱等问题。

二是保障标准化工作规范高效。形成以山东省自然资源标准化技术委员会、山东省海洋标准化技术委员会以及有关标准化分技术委员会组成的专业化组织系统。前期省标委会及其各分委会调整优化了委员单位组成结构，自然资源标准化工作组织机制已经全面建成。通过规范组织机制的运行方式，将重构的自然资源标准化工作组织机制制度化，明确各标准化工作参与方的任务与责任，优化标准制（修）订流程，提出质量保障要求，强化实施监督，为标准化工作高效规范开展保驾护航。

三是发挥政府、社会、市场各自优势，协调推进自然资源标准化工作。不断构建和巩固标准供给政府与市场并重、标准制（修）订与实施并重的工作新格局。省标委会及各分委会要切实发挥组织体系的优势，明确统一协调和分工负责的管理体制，统筹协调自然资源标准化工作中的重大难点与分歧，在尊重学科和历史继承性的基础上，充分利用分领域业务特点和技术优势，精准承接标准化任务。全力支撑自然资源现代化管理，形成政府与市场并重的标准化格局。落实标准全链条管理制度，实施精细化管理。

二、加强标准化人才队伍建设

重视自然资源标准化人才队伍建设，牢牢把握“人才是第一资源”，实施山东省自然资源标准化人才培养计划，重点培养既熟悉专业技术又懂标准化的复合型高层次专家和工作团队，建立自然资源标准化专家库，营造稳定从事标准化工作并获得自身发展的适宜环境，将从事标准化工作的业绩与技术职称评定、个人荣誉与待遇挂钩，吸引鼓励优秀专业技术人才从事或参与标准化工作，强化科技创新与标准研制紧密结合，以科技创新推动标准创新。加强和鼓励自然资源领域基层工作者参与标准的制（修）订工作，并定期组织开展标准化原理、标准制定、体系建设、国际标准化等系列培训，对列入标准计划的自然资源标准项目起草人进行标准制（修）订培训，提高标准起草质量。开展面向专业技术人员的标准化专业知识培训；开展面向企业管理层和员工的标准化技能培训；开展面向政府公务人员和社会公众的标准化知识宣传普及。扩大标准化人才队伍储备，建立各级自然资源标准化人才库，及时培养吸收在自然资源标准化工作领域的突出人才进入人才库，提高标准化人才的能力和水平，推进建立高层次的自然资源标准化技术人才和管理人才队伍，为山东省自然资源标准化工作的持续良性发展提供人才保障。

三、建立标准化多元投入机制

成立自然资源标准化工作领导小组并下设办公室，整体统筹和推进山东省标准化建设工作，尤其要重视经费保障工作，各级财政应根据工作实际需要统筹安排标准化工作经费。制定强制性标准和公益类推荐性标准以及参与国际标准化活动的经费，由同级财政予以安排。探索建立市场化、多元化经费投入机制，鼓励、引导社会各界加大投入，促进标准创新和标准化服务发展。尽快设立推动自然资源标准化的专项资金，对参与自然资源标准化的单位进行补贴，推动相关企业（团体）等积极开展自然资源标准化工作。及时制定出台自然资源标准化工作资金支持的相关配套政策和实施细则，打造自然资源领域山东特色的运转模式，做到职责与事权、财权相匹配，标准化业务流程无缝衔接。省标委会及其各分委会有统有分，协调配合，充分调动和发挥好各方的积极性、主动性，依法依规、科学规范开展工作。加强与国际、国家、部委、其他省市自然资源相关科研院所和标委会的交流合作，协调统一省标委会与依托单位工作，做到同部署、同管理、同考核。

四、构建实施监督及效果评价机制

加强统筹管理和政策激励，做好标准实施监督管理。运用行业准入、合格评定/认证认可、行政执法、监督检查等手段促进自然资源标准的有效实施。畅通标准化投诉举报渠道，加强标准实施的社会监督。充分研究借鉴国内外标准实施效果评价的经验做法，建立山东省自然资源领域标准实施效果评价的理论方法、指标体系，开展自然资源标准实施效果评价试点工作，促进标准的有效实施，为制定标准化政策、规划等提供决策参考。围绕提高标准科学性、适用性和有效性，加强自然资源标准实施效果评价结果运用，将评价结果及时反馈到标准立项、起草、复审和省标委会及其各分委会管理等工作中，形成标准化工作的良性循环。加强对自然资源重点领域、重要标准实施情况的评估检查，建立常态化、规范化的评估程序，加强自然资源领域重点领域、重点标准实施情况效果评价及评价结果的使用，对实施三年以上地方标准的实用性、先进性、符合性及推广实施效果及时进行评价，评价结果作为标准修订、废止等的重要依据，强化标准制（修）订计划的刚性约束。

健全覆盖标准制定实施全过程的追溯、监督和纠错机制，实现自然资源标准研制、实施和信息反馈闭环管理。开展自然资源标准质量和标准实施第三方评估，加强标准复审和维护更新。健全团体标准组织良好行为评价机制。强化行业自律和社会监督，发挥市场对团体标准的优胜劣汰作用。有效实施企业标准自我声明公开和监督制度，将企业产品和服务符合标准情况纳入社会信用体系建设。建立标准实施举报、投诉机制，鼓励社会公众对标准实施情况进行监督。

建立自然资源标准分类监督机制。健全以行政管理和行政执法为主要形式的强制性标准监督机制，强化依据标准监管，保证强制性标准得到严格执行。建立完善标准符合性检测、监督抽查、认证等推荐性标准监督机制，强化推荐性标准制定主体的实施责任。建立以团体自律和政府必要规范为主要形式的团体标准监督机制，发挥市场对团体标准的优胜劣汰作用。建立企业产品和服务标准自我声明公开的监督机制，保障公开内容真实有效，符合强制性标准要求。

建立标准实施的监督和评估制度。山东省自然资源厅以及各地市、各相关部门组织开展重要行业、地方标准实施情况监督检查和评估。完善标准实施信息反馈渠道，强化对反馈信息的分类处理。加强标准实施的社会监督。进一步畅通标准化投诉举报渠道，充分发挥新闻媒体、社会组织和消费者对标准实施情况的监督作用。加强标准化社会教育，强化标准意识，调动社会公众积极性，共同监督标准实施。

第七章　总体研究成果及创新

山东省于2019年在全国范围内率先开展自然资源标准体系建设课题研究，目前，课题组已基本完成了山东省自然资源标准体系的研究构建任务。通过课题相关团队协同努力，山东省自然资源标准化建设研究取得了较大进展，达到了预期成果。分析山东省自然资源标准化历史及现状，基本摸清山东省自然资源标准“家底”，系统地构建了山东省四级自然资源标准体系，以流程再造的思路优化标准建设流程，明确山东省自然资源地方标准重点方向，提出山东省自然资源标准化机构的运行和管理的科学建议。本次研究立足山东省实际，以问题为导向，充分研究国内外标准体系建设工作的理论与实践经验，深化标准化制（修）订工作改革，深化标准化运行机制创新，优化自然资源标准全生命周期规范化管理流程，自然资源标准体系凸显了山东特色和先进性。在山东省委、省政府大力推动下，省厅、省标委会及其各分委会全面实施标准化战略，山东省自然资源标准化基础不断夯实，标准体系框架更加健全，标准化工作体制机制更加合理，标准服务发展更加高效，标准化效益充分释放，标准有效性、先进性和适用性显著增强；基本形成自然资源全领域有标可循、公共利益有标可保、创新驱动有标引领、转型升级有标支撑的新局面。“山东标准”影响力和贡献度进一步提升，通过与其他省市自然资源标准化工作指标的比对分析，山东省自然资源标准化管理水平和技术水平均处于国内前列，山东省已然迈入自然资源领域标准化建设强省行列。

第一节　主要成果

一、分析山东省自然资源标准化历史及现状

基于当前国家标准化战略导向以及山东省标准化工作重点，课题组通过文献资料收集分析，现场调研各省标委会下的各分委会，分析当前山东省自然资源标准化面临的形势和需求。通过全国标准信息服务平台、山东省标准馆和省标委会及其各分委会所提供的数据，梳理汇总了当前山东省主导和参与的自然资源国家标准、行业标准和地方标准情况，对标外省市自然资源标准化建设情况，客观展现山东省自然资源标准化建设的优势与劣势，从顶层设计、标准底数、组织机制等方面分析当前自然资源标准化的优势及存在的问题。

二、基本摸清山东自然资源标准“家底”

一是依托全国标准信息服务平台、山东省标准馆和省标委会及其各分委会所提供的数据，梳理汇总了当前山东省主导和参与的自然资源国家标准、行业标准情况，形成《山

东省参与起草的自然资源国家标准、行业标准》清单；二是聚焦山东省自然资源地方标准，理清已发布地方标准、在研地方标准和规划地方标准，分领域形成《山东省自然资源地方标准明细表》，有效摸清了当前山东省自然资源标准现状，解决了当前标准底数不清的问题，为下一步开展自然资源标准化重点工作奠定了基础。

三、系统构建了山东省四级自然资源标准体系

以省厅“两统一”职责为主要依据，将系统工程方法的三维空间与标准属性的三维空间相结合，从自然资源标准化的时间维、逻辑维、条件维、级别维、性质维、对象维角度进行分析，确定山东省自然资源标准体系范围。最终确定山东省自然资源（地方标准）标准体系范围。在此基础上，依据自然资源领域和标准化相关法律法规、自然资源管理改革文件、标准化改革文件和标准化相关技术文件，按照保障需求原则、全面覆盖原则和科学性原则，以国家标准和行业标准为引领，地方标准为主体，构建基础标准层、子体系标准层、专业门类标准层和细分门类层的四级标准体系，并细化分析每一层级的标准子体系框架和内容，确定标准相互排列的位置结构形式和各项标准的属性（即标准）、名称（包括编号），形成地质矿产、水工环、国土调查保护与空间规划、测绘地理信息和自然资源信息化、林草各专业协调配套的完整自然资源标准子体系，有效地解决了现阶段自然资源标准供需不平衡不充分、标准系统性协调性不强、各领域标准化水平不均衡等问题，满足了自然资源统一管理工作需要。

四、以流程再造的思路优化标准建设流程

在面临构建新型市场管理体系和服务高质量发展的新形势下，本次研究创新地将标准化流程再造思路与自然资源工作相融合，从省标准化行政主管部门和业务主管部门、省标委会等相关方角度，打通原有标准化工作间关联点，梳理标准全生命周期流程，推动标准制（修）订各项流程的并联协同。绘制标准全生命周期流程图，清晰直观地给出标准立项、制定、审查、报批发布、实施评估、复审和废止等过程中各相关方的职责，确保了标准化工作环环相扣、衔接紧凑，实现了自然资源地方标准的监管要素标准化、业务流程闭环化、“挂图工作”直观化。同时完善了标准制定程序。上下结合，广泛听取各方意见，提高自然资源领域标准制定工作的公开性和透明度，保证标准技术指标的科学性和公正性；完善标准化指导性技术文件等管理制度，提高了标准技术指标的先进性、准确性和可靠性。

五、明确山东省自然资源地方标准重点方向

基于山东省自然资源标准历史成果的总结梳理，课题组通过走访省标委会及其下属的五家分委会，并多次召开专家研讨会，研究探讨“十四五”期间山东省自然资源地方标准化工作重点方向。按照“山水林田湖草一体修复”和“整体保护、综合治理”的总体要求，对现行有效标准、在研标准和规划标准的适用性、交叉重复性、时限性、协调性等方面开展进一步筛选，从标准是否符合山东省经济社会发展和技术进步的需要，是否符合山东省域自然条件、风俗习惯等特殊技术要求以及是否满足社会管理和公共服务要求，是否有利于科学合理利用资源、推广科学技术成果规范，是否有助于提高经济效益、社会效

益、生态效益，做到技术先进、经济合理等，形成下一步重点地方标准的制定方向和研制内容。在地质矿产领域形成6个一级目录、20个二级目录、50个重点标准方向；在水工环领域形成10个一级目录、24个二级目录、40个重点标准方向；在国土调查与空间保护领域形成7个一级目录、20个二级目录、39个重点标准方向；在测绘地理信息与自然资源信息化领域形成5个一级目录、10个二级目录、20个重点标准方向；在林草领域形成6个一级目录、18个二级目录、63个重点标准方向。以省厅“两统一”职责为主要依据，加强自然资源调查、监测、评价评估、确权登记、保护、资产管理和合理开发利用，国土空间规划、用途管制、生态修复、防灾减灾，以及土地、地质矿产、海洋、测绘地理信息等领域的标准化工作，旨在理顺行政逻辑与技术逻辑的关系，在支撑自然资源管理和依法行政的同时兼顾推动相关行业和学科的标准化发展，为自然资源治理现代化、科学化发展提供有力抓手。

六、提出山东省自然资源标准化机构的运行和管理的科学建议

通过对自然资源领域国内外标准、标准体系及标准化机构运转机制体制分析研究，总结并提出了山东省自然资源标准体系建设及标准化管理机构运行值得借鉴的经验，为下一步完善山东省自然资源标准组织体系、构建山东省自然资源标准化管理新机制提供了重要参考。一是围绕省标委会的组织机构运转制度，从组织架构、人才队伍建设、多方参与等角度，提出了省标委会及其各分委会有统有分、协调配合的运行建议，为《关于推动自然资源标准体系建设的指导意见》的出台提供支撑。二是依据《山东省地方标准管理办法》等要求，结合工作实际，梳理自然资源标准制（修）订的全生命周期管理流程，健全标准从研究、立项、审查、发布到宣贯、评估、复审等全链条的管理模式，绘制标准全生命周期流程图，为标准化机构提供可操作、易操作的标准全链条管理建议。

第二节　创新点

本次研究立足山东省实际，以问题为导向，充分研究国内外标准体系建设工作的理论与实践经验，深化标准化制（修）订工作改革，深化标准化运行机制创新，创新优化自然资源标准全生命周期规范化管理流程，自然资源标准体系凸显了山东特色和先进性。

一、深化标准化制（修）订工作改革

把自然资源领域政府单一供给的现行标准体系，转变为由政府主导制定的标准和市场自主制定的标准共同构成的新型标准体系。合理界定各层级、各领域推荐性标准的制定范围。培育发展团体标准，鼓励具备相应能力的学会、协会等社会组织和产业技术联盟协调相关市场主体共同制定满足市场和创新需要的标准，增加了标准的有效供给。

二、深化标准化运行机制创新

基于《国家标准化发展纲要》中提到的优化标准供给结构，深化标准化运行机制创新。省标委会成为全省自然资源管理工作迈向专业化、规范化、精细化的具体实施新路径。围绕省标委会的建设，从政策和制度等顶层设计方面给出标准化发展规划建议；从标

准化的组织建设、标准的全链条管理等方面给出标准服务的工作建议；从标准化人才培养、标准评估、标准宣贯等方面给出标准保障的工作建议，以此发挥省标委会在市场监管系统和行业主管部门间的桥梁纽带作用，更好地服务山东省自然资源标准化发展。实现区域内自然资源标准发展规划、技术规则相互协同，持续优化自然资源标准制定流程和平台、工具，健全自然资源标准制（修）订的机制，加快自然资源标准升级迭代，提高自然资源标准质量水平。

三、创新优化自然资源标准全生命周期规范化管理流程

按照省委、省政府《关于深化制度创新加快流程再造的指导意见》等要求，从省厅、省标准化主管部门（省市场监督管理局）、省标委会等相关方角度，梳理流程并流程再造，打通原有工作间关联点，推动标准制（修）订各项流程并联协同。通过绘制标准“预研—立项—起草—征求意见—审查—报批—发布—宣贯—评估—复审—修订或废止”全生命周期规范化管理流程图，清晰地给出标准立项、制定、审查、报批发布、实施评估、复审和废止等过程中各部门的职责，实现省厅和省标委会紧密协作，确保标准化工作环环相扣、衔接紧凑。

四、构建自然资源标准体系凸显山东特色和先进性

根据山东省自然资源禀赋及标准化体系建设实际情况，提出了自然资源标准化管理机构发展的三种模式，即政府推动型模式、多元合作型模式和企业（团体）主导型模式，并明确指出目前山东省自然资源标准化管理机构尚处于第一种模式向第二种模式过渡的阶段，即由政府推动型模式过渡到多元合作型模式。同时，本次提出的山东省自然资源标准体系预留了海洋标准专业接口，这也凸显出了山东的地方特色，2018 年大部制改革对政府部门管理职能的调整，强化了职能板块的划分，让海洋管理路径更清晰，部门间的合作方式更明确。因此，本次研究建构的标准体系除了收录的特色地方标准相对较多之外，还预留了与海洋标准体系衔接的接口，充分考虑了标准体系的可扩展性，且还考虑到现阶段自然资源相关行业技术和应用发展水平，更对未来标准化的发展趋势有所预见，充分体现自然资源领域相关技术的发展方向，提出了中长期山东省自然资源标准体系重点制（修）订方向，鲜明地体现出该标准体系的先进性。

第三节　发展展望

标准是经济社会高质量发展的技术支撑。根据《国家标准化发展纲要》及《山东省标准化条例》，展望山东省自然资源标准化体系建设工作，到2025 年，实现标准供给由政府主导向政府与市场并重转变，标准化发展由数量规模型向质量效益型转变。自然资源标准化体系将更加有效地推动山东省综合竞争力提升，促进经济社会高质量发展，在构建新发展格局中发挥更大作用。到2035 年，结构优化、先进合理、国际兼容的自然资源标准体系将更加健全，具有中国特色的标准化管理体制更加完善，市场驱动、政府引导、企业为主、社会参与、开放融合的标准化工作格局将全面形成。

未来山东省自然资源标准体系建设将更加加强生态文明标准化，服务绿色发展。以资

源节约、节能减排、循环利用、环境治理和生态保护为着力点，推进林草、海洋、土地、能源、矿产资源保护标准化体系建设，加强重要生态和环境标准研制与实施，提高节能、节水、节地、节材、节矿标准，加快能效能耗、碳排放、节能环保产业、循环经济以及大气、水、土壤污染防治标准研制，推进生态保护与建设，提高绿色循环低碳发展水平。建立健全“碳达峰”“碳中和”标准，持续优化生态系统建设和保护标准。不断完善生态环境质量和生态环境风险管控标准，持续改善生态环境质量。进一步完善污染防治标准，健全污染物排放、监管及防治标准，筑牢污染排放控制底线。制定山水林田湖草多生态系统质量与经营利用标准，加快研究制定水土流失综合防治、生态保护修复、生态系统服务与评价、生态承载力评估、生态资源评价与监测、生物多样性保护及生态效益评估与生态产品价值实现等标准，增加优质生态产品供给，保障生态安全。推进自然资源节约集约利用。构建自然资源统一调查、登记、评价、评估、监测等系列标准，研究制定土地、矿产资源等自然资源节约集约开发利用标准，推进能源资源绿色勘查与开发标准化。以自然资源资产清查统计和资产核算为重点，推动自然资源资产管理体系标准化。完善资源环境承载能力和国土空间开发适宜性评价机制。制定海洋资源开发保护标准，发展海洋经济，服务陆海统筹。加强公共安全标准化工作。坚持人民至上、生命至上，实施公共安全标准化筑底工程，完善矿山等领域安全标准网，提升洪涝干旱、森林草原火灾、地质灾害、地震等自然灾害防御工程标准，加强重大工程和各类基础设施的数据共享标准建设，提高保障人民群众生命财产安全水平。推动国内国际标准化协同发展。统筹推进自然资源标准化与科技、产业、金融对外交流合作，促进政策、规则、标准联通。建立政府引导、企业主体、产学研联动的国际标准化工作机制。大力培育发展标准化文化。

环望当今国际，新一轮科技革命和产业变革方兴未艾，全球化、信息化和网络化迅猛发展。新时代新格局，山东省自然资源标准化体系建设工作以生态文明建设实现新进步，以高质量发展引领标准化，以新技术构建新体系，立足山东特色，融通国际国内，超前谋篇布局、长远规划发展。百舸争流，奋楫者先；千帆竞发，勇进者胜！

参考文献

蔡文博，徐卫华，杨宁，郭小勇，欧阳志云．2021．生态文明高质量发展标准体系问题及实施路径．中国工程科学，(3)：42.

崔龙国，范荣妹，陈雄．2020．长江经济带生态文明建设标准化现状、问题及对策研究．中国标准化，(2)：77－82.

邓玲，申文金．2019．自然资源资产管理体制下的标准化体系建设思考．中国标准化，(13)：96－100.

黄艳冰．2019．我国生态文明建设标准体系浅析．中国标准化，(8)：232－233.

李海晏．2020．福建省自然资源管理标准体系构建研究．质量技术监督研究，(2)：13－18.

李红举，宇振荣，梁军，杜亚敏．2019．统一山水林田湖草生态保护修复标准体系研究．生态学报，(23)：8771－8779.

李艳晨，郭睿，耿钦．2022．新形势下对河北自然资源标准体系建设的思考．自然资源情报，(3)：45－49.

刘志强，张建华．2019．完善自然资源法律体系的思考．中国国土资源经济，(3)：23.

欧阳鑫，赵祺彬，邓玲，于常亮，欧阳勋．2023．新发展格局下地方自然资源标准体系建设研究——以北京市为例．中国国土资源经济，(8)：65－72.

申文金，邓玲．2019．土地资源标准体系构建研究．标准科学，(5)：80.

申文金，贺战朋．2019．关于标准化支撑自然资源领域生态文明建设的思考．当代经济，(9)：4－6.

申文金，梁凯．2018．国土资源标准体系构建研究．北京：中国标准出版社，29－31.

王素萍．2022．关于完善我国自然资源法律体系的思考．现代矿业，(2)：60－63.

王夏晖，张箫．2020．我国新时期生态保护修复总体战略与重大任务．中国环境管理，(6)：82－87.

吴桐，黄琛，严竞新，段怡红．2021．自然资源标准体系构建思考．学术研讨，(2上)：121.

严竞新，殷小庆．2020．浅谈自然资源强制性标准体系构建思路．测绘标准化，(3)：1－5.

岳高峰，赵祖明，邢立强．2011．标准体系理论与实务．北京：中国计量出版社，6.

翟江，张立军，梁娜，郑倩．2021．标准化＋政务服务助推高质量发展．中国质量监管，(6)：72－73.

张莹，吕玉霞，张玉贤，尹彤，陈骏．2020．自然资源标准体系现状分析．测绘标准化，36（2）：1.

赵国君，赵祺彬．2020．自然资源视域下标准化宣贯工作的思考．学术研讨，(10)：70.

甄彦龙，杨青峰，郄欣，赵一行．2024．自然资源技术标准在支撑“双碳”标准体系建设中的作用与挑战分析．中国标准化，(4)：41－45.